August Sartori

Der Nord-Ostseekanal und die deutschen Seehäfen

August Sartori

Der Nord-Ostseekanal und die deutschen Seehäfen

ISBN/EAN: 9783743442535

Hergestellt in Europa, USA, Kanada, Australien, Japan

Cover: Foto ©ninafisch / pixelio.de

Manufactured and distributed by brebook publishing software (www.brebook.com)

August Sartori

Der Nord-Ostseekanal und die deutschen Seehäfen

Der
Nord-Ostsee-Kanal

und die

Deutschen Seehäfen.

Von

August Sartori,
Geheimer Kommerzienrath.

> Unter Berücksichtigung der bisherigen Entwickelung muß die Zukunft mit offenem Auge beurtheilt werden. In gleicher Weise gilt es in der Gegenwart rechtzeitig die erforderlichen Einrichtungen zu treffen und vorzubereiten.
>
> Zur Entscheidung darüber dient nicht allein die genaue Kenntniß der Entwickelung des bisherigen Verkehrs, sondern auch die richtige Würdigung der durch die Herstellung des Nord-Ostsee-Kanals eintretenden bedeutenden Einwirkung auf das gesammte Wirthschaftsleben.

Mit 6 Anlagen.

Berlin 1894.
Ernst Siegfried Mittler und Sohn
Königliche Hofbuchhandlung
Kochstraße 68—70.

Druck der „Nord-Ostsee-Zeitung", Kiel.

Inhalt.

	Seite
Vorwort	5
I. Der Nord-Ostsee Kanal und dessen Einfluß auf die deutschen Seehäfen	7
II. Ausnutzung des Nord-Ostsee Kanals durch die deutschen Seehäfen	36
1. Herstellung von Industrien und neuen Beziehungen	37
2. Einrichtung von Freihäfen Freibezirken	52
3. Ein Umschlagsplatz am Nord-Ostsee Kanal	54
III. Reichs- und Staats-Interesse	65
1. Interesse des Kanalfiscus	65
2. Interesse der Kriegsmarine und der Landesvertheidigung	66
IV. Schlußwort	67

Anlagen: I. Tabelle des gesammten ein- und ausgehenden Seeverkehrs der Ostseehäfen im October 1891.

II. Tabelle des gesammten ein- und ausgehenden Seeverkehrs der Ostseehäfen im October 1891 (Erläuterung zu Tabelle I Spalte 8: Der englische Kanal und entlegenere Häfen.

III. Tabelle des ein- und ausgehenden Seeverkehrs von Schiffen deutscher Flagge in sämmtlichen Ostseehäfen im October 1891.

IV. Tabelle des Güterverkehrs der deutschen Seehäfen, bahn-, strom- und seewärts in den Jahren 1880, 1885 und 1890.

V. Karte der Freihafenanlagen Copenhagens.

VI. Tabelle der regelmäßigen Seedampfschifffahrtslinien der bedeutenderen deutschen Nord- und Ostseehäfen.

Vorwort.

Wenn in der vorliegenden Schrift die Beziehungen der deutschen Seestädte zu der im Juni 1895 bevorstehenden Eröffnung des Nord-Ostsee-Kanals einer näheren Erörterung unterzogen worden sind, so geschieht dies, um im Anschlusse an die Darlegungen des Verfassers in der Schrift „Kiel und der Nord-Ostsee-Kanal" den Versuch zu machen, die Gemeinsamkeit der Interessen der deutschen Seehäfen an der wirthschaftlichen Nutzbarmachung des bedeutenden Seekanals darzulegen, und eine geschlossene Vertretung ihrer Interessen zu veranlassen.

Unter Hinweis auf das thatsächliche Anwachsen der Seeschifffahrt zwischen Nord- und Ostsee und gestützt auf ein ziemlich ansehnliches Zahlenmaterial sind in dieser Schrift die Verkehrsverhältnisse, sowohl in Bezug auf die Schifffahrt und die Güterbewegung, als auch nach der Betheiligung der deutschen Flagge an derselben, behandelt, um daran anknüpfend Anregungen zu geben, wie von den einzelnen deutschen Seehäfen die bevorstehende Wandlung in den Verkehrsbeziehungen und ihre Nutzbarmachung für das eigene Wirthschaftsleben auf dem Gebiet von Handel und Industrie ins Auge zu fassen ist.

Mögen die damit gegebenen Hinweise eingehende Beachtung und Prüfung seitens der Wirthschaftskreise, wie auch der staatlichen Organe finden, damit sich aus dem großen Kanalunternehmen für die Gesammtheit des Staatswesens möglichst vielseitiger Nutzen ergebe.

Kiel, Januar 1895.

Der Verfasser.

I.

Der Nord-Ostsee-Kanal und dessen Einfluß auf die deutschen Seehäfen.

Durch die Eröffnung eines neuen direkten Seeweges zwischen Nord- und Ostsee vermittelst des im Sommer 1895 fertig dem Verkehr zu übergebenden Nord-Ostsee-Kanals wird ganz unzweifelhaft eine erhebliche Verschiebung des Schifffahrtsverkehrs zwischen beiden Meeren eintreten. Man hat guten Grund, im Hinblick auf die neueren Zahlen über den Verkehr zwischen Nord- und Ostsee eine wesentlich stärkere Verschiebung des Schifffahrtsverkehrs bezw. eine stärkere Benutzung des Nord-Ostsee-Kanals anzunehmen, als sie bei der Gesetzesvorlage für den Bau des Kanals zu Grunde gelegt wurde. Ein Blick auf die nachstehenden Zahlen beweist dies.

Verkehr zwischen Nord- und Ostsee.

In der Regierungsvorlage wurde angenommen, daß das Verhältniß des Kanalverkehrs zu dem Sund- bezw. gesammten Nordostseeverkehr, unter Abrechnung der auch in Zukunft den Weg um Skagen nehmenden Schifffahrt von und nach nordenglischen, schottischen, norwegischen u. s. w. Häfen, sowie eines überhaupt den Weg um Skagen aus anderen Gründen vorziehenden Schifffahrtstheiles, sich wie folgt gestalten würde:

	Gesammtverkehr im Jahresdurchschnitt		voraussichtlich für den Nord-Ostsee-Kanal jährlich	
	Schiffe	Reg.-Tons	Schiffe	Reg.-Tons
1871/80	41504	12 240 000	18 000	5 500 000

Nach den Ermittelungen von H. Dahlström, die derselbe über den Schiffsverkehr des Sundes u. s. w. in den Jahren 1880–1889 anstellte und in seiner Schrift über den projektirten Bau und Betriebseinrichtungen des Nord-Ostsee-Kanals (Hamburg 1890) mittheilte, ergeben sich folgende Ziffern:

Gesammtverkehr im Jahresdurchschnitt		
1880/82	36 423 Schiffe	12 606 928 Reg.-Tons
1887/89	32 538 „	16 519 504 „ „

Die Verkehrszahlen nach **Dahlström** (1880: 12 718 376 Reg.-Tons und 1889: 16 022 069 Reg.-Tons) ergeben eine Zunahme von 2,6 % pro Jahr, also für
1895: 18 521 512 Reg.-Tons.

Muthmaßlicher Verkehr durch den Nord-Ostsee Kanal

Auf Grund dieser thatsächlichen Zunahme des Schiffsverkehrs von 12 240 000 Reg.-Tons in den Jahren 1871/80 auf 12 606 928 Reg.-Tons im Jahresdurchschnitt von 1880/82 und 16 519 456 Reg.-Tons im Jahresdurchschnitt von 1887/89 berechnet die Schrift „Kiel und der Nord-Ostsee-Kanal" von **August Sartori** auf S. 37 denjenigen Schifffahrtsverkehr, welcher zukünftig für den Nord-Ostsee-Kanal in Frage kommen werde, auf jährlich 11 700 000 Reg.-Tons, eine Zahl, die angesichts des oben auf Grund der Jahreszunahme von 2,6 % berechneten Schiffsverkehrs für 1895 von 18 521 512 Reg.-Tons nicht zu hoch erscheint, da sie nur rund 63 % dieser letzteren Summe ausmacht. Nach rund 70 % (s. S. 9) würde die Summe des Kanalverkehrs 12 965 058 Reg.-Tons ergeben.

Will man nun auch die Richtigkeit der errechneten Zahlen im Einzelnen dahin gestellt sein lassen, so wird im Hinblick auf das thatsächlich erfolgte bedeutende Wachsthum des Schiffstonnenverkehrs zwischen beiden Meeren die vorstehende Behauptung, daß eine wesentlich stärkere Benutzung des Nord-Ostsee-Kanals zu erwarten ist, als in den amtlichen, vor mehr als 10 Jahren errechneten Zahlen ausgedrückt wurde, nicht als unzutreffend angesehen werden können.

Um welchen bedeutenden Verkehr zwischen Nord- und Ostsee es sich überhaupt handelt, darüber giebt die dieser Denkschrift angeheftete Tabelle I einen ausreichenden Anhalt. Dieselbe ist in Ermangelung amtlicher Unterlagen auf Grund möglichst zuverlässig veranstalteter privater Ermittelungen entworfen und umfaßt als Beispiel den regelmäßigen Schifffahrtsverkehr für den Monat Oktober 1891. In der ebenfalls angehefteten Tabelle II Abth. A. B. C. ist eine Erläuterung der Spalte 8 der Tabelle I (Häfen des englischen Kanals und weiter entlegenere Häfen) gegeben.

Anlage I.

Anlage II. A B C

Wenn nun auch die in der Tabelle I enthaltenen Resultate sich keineswegs ohne Weiteres für das Jahr verallgemeinern und dann zu Schlußfolgerungen gebrauchen lassen, sind doch gewisse thatsächliche Mittheilungen aus derselben von unmittelbarem Werth für die Beurtheilung der Sache selbst. Die Tabelle ist zum

Zweck ihrer Beurtheilung derart arrangirt, daß der Verkehr aus jenen Häfen mit der Ostsee, welche mit Rücksicht auf die bedeutende Wegabkürzung den Kanal voraussichtlich benutzen werden, in der 12. Spalte gesondert summirt und unten am Fuß dieser Spalte zusammengezogen ist.

Ebenso sind die Verkehrszahlen der nördlich von Hull belegenen Häfen als für den Verkehr durch den Nord-Ostsee-Kanal nicht in Betracht kommend in der 17. Spalte summarisch angegeben und am Fuße derselben addirt. Die letzte (18.) Spalte ergiebt den Totalverkehr der gesammten Nord-Ostsee-Schifffahrt in Einzelsummen sowohl für die Herkunfts- und Ankunftshäfen als auch für alle diese zusammengefaßt.

Die erhebliche Größe des Schifffahrtsverkehrs springt bei den Schlußsummen in die Augen. So weist der in den Tabellen als Beispiel bearbeitete Monat Oktober in Ein- und Ausgang der Häfen folgende Zahlen auf:

	Muthmaßlicher Kanal-Verkehr.	Um Skagen.	Total Verkehr.
Dampfer	949 926358 R.-T.	427 404186 R.-T.	1376 1330544 R.-T.
Segler	539 164727 „	284 62438 „	823 227165 „
Zusammen	1488 1091085 R.-T.	711 466624 R.-T.	2199 1557709 R.-T.

Stellt man nach vorstehenden Zahlen den voraussichtlich dem Kanal zufallenden Verkehr im Verhältniß zum Totalverkehr fest, so macht derselbe 70,044 % des letzteren aus, so daß auf den Verkehr um Skagen nur 29,956 % entfallen.

Die Verkehrsrichtungen in Eingang und Ausgang nach und von der Ostsee getrennt ergeben folgendes Bild:

Von dem gesammten Eingang nach der Ostsee von 932 Schiffen mit 666914 Reg.-Tons entfallen 327190 Reg.-Tons auf jenen Verkehr, der auch in Zukunft noch um Skagen gehen wird, und 339724 Reg.-Tons auf den in Zukunft durch den Kanal gehenden Verkehr; der erstere macht sonach 49,06 %, der letztere 50,94 % der Gesammtmenge aus.

Von dem gesammten Ausgang aus der Ostsee von 1267 Schiffen mit 890795 Reg.-Tons entfallen 139434 Reg.-Tons auf den Verkehr, der auch in Zukunft um Skagen gehen wird, dagegen auf den voraussichtlichen Kanalverkehr 751,361 Reg.-Tons. Hier ist das Prozentverhältniß dem Kanal erheblich günstiger; denn auf den Weg um Skagen entfallen nur 15,65 %, auf den Kanal aber 84,35 %.

Was nun die **Schiffsgröße** anbetrifft, so beträgt dieselbe für die obigen Verkehrsrichtungen im Durchschnitt:

	Kanal	um Skagen	Total
Dampfer	976 Reg.-Tons	947 Reg.-Tons	967 Reg.-Tons
Segler	306 „ „	220 „ „	276 „ „

Danach stellt sich das Größenverhältniß der Segler zu den Dampfern auf obigen Verkehrsrichtungen, wie folgt:

$$1:3{,}19 \qquad 1:4{,}3 \qquad 1:3{,}5$$

Wie im ganzen Seeschifffahrtsverkehr, so zeigt sich auch in der Nord-Ostsee-Fahrt eine schnelle Abnahme der Schiffszahl und der Segler und eine entsprechende Zunahme der Schiffsgrößen, sowie der Zahl der beschäftigten Dampfer. Die durchschnittliche Schiffsgröße ist gegen die früheren Angaben der mittleren Tragfähigkeit aus dem Jahre 1882 von 200 Reg.-Tons bei Segelschiffen und 620 Reg.-Tons bei Dampfern auf 276 bezw. 967 Reg.-Tons im Jahre 1891 gestiegen.

Aus den obigen sehr charakteristischen Größenzahlen geht hervor, daß die in der bereinigten Fahrt durch den Kanal beschäftigten Schiffe bei weitem die größeren sind; namentlich tritt dies bei den Seglern hervor. Dies kann aber nicht überraschen, denn die zukünftige Kanalfahrt umfaßt gerade jenen Schiffsverkehr, der das größte Quantum zu bewältigen hat, und der, wie der Verkehr auf den Schiffswegen durch die Nordsee, den englischen Kanal und weiter zeigt, die weitesten Fahrten zurückzulegen hat.

Die oben mitgetheilten Zahlen über den Nord-Ostsee-Verkehr weisen recht beträchtliche Verkehrsmengen auf. Darf man sie auch nicht ohne weiteres verzwölffachen, um das Jahresquantum zu erhalten, da der Verkehr in den einzelnen Monaten naturgemäß kein gleichmäßiger ist, so lassen sie doch erkennen, daß die errechneten Grundlagen der Regierungsvorlage für den Nord-Ostsee-Kanal bedeutend überschritten sind.

Vergleich mit dem Suez-Kanal. Von Interesse ist eine Gegenüberstellung des Verkehrs im **Suez-Kanal**, jenem dem Nord-Ostsee-Kanal an maritimer Bedeutung bezw. an nautischen Einrichtungen am nächsten kommenden Seekanal. In demselben Monat Oktober 1891 ergaben sich für den Suezkanal folgende Zahlen:

Gesammter Durchgangsverkehr:

Dampfer 333 mit 701,349 Netto ⎫
    Suez Reg.-Tons ⎬ à 1353 = ca. 948925 B. R.-T.*)
Segler — — ⎭

Es ergiebt dies gegenüber dem Nord-Ostsee-Verkehr von 2199 Schiffen mit 1 557 709 Reg.-Tons eine erhebliche Minderzahl an Schiffen nicht nur (ca. 15,1 % des Nord-Ostsee-Verkehrs), sondern auch an Tonnenverkehr und zwar ein Minus von

608,784 Reg.-Tons = ÷ 39,08 %.

Hieraus ergiebt sich für Monat Oktober 1891, daß der Tonnenverkehr zwischen Nord- und Ostsee um 64,15 % stärker war, als der Tonnenverkehr im Suez-Kanal; eine Thatsache, die wohl nicht allgemein bekannt und gewürdigt ist.

Das bedeutende Uebergewicht der Nord-Ostsee-Schifffahrt in der Schiffszahl ist ebenfalls von Belang; dieser Verkehr beträgt 1866 Schiffe, also mehr als das fünffache; dagegen sind die Schiffsgrößen der den Suez-Kanal durchfahrenden Dampfer ganz naturgemäß erheblich bedeutender, im Durchschnitt 2850 Reg.-Tons gegen nur 708 Reg.-Tons der Dampfer und Segler in der Nord-Ostseefahrt, weil eben die den Suez-Kanal durchfahrenden Schiffe auf weiteren Reisen begriffen sind, demgemäß aus nautischen und wirthschaftlichen Gründen größer sein müssen, als die überwiegende Mehrzahl der Schiffe in der Nord-Ostseefahrt.

Eine Vergleichung des Verkehrs im Suez-Kanal (333 Dampfer, 948925 Br. Reg.-Tons) mit dem zu erwartenden Verkehr im Nord-Ostsee-Kanal (1488 Schiffe, 1 091 085 Br. Reg.-Tons) ergiebt ein Mehr des Verkehrs in letzterem um 347 % der Schiffszahl und 15 % des Raumgehalts; dabei ist die vorauszusehende starke Entwickelung des Küstenverkehrs noch nicht berücksichtigt. Die wesentlich größere Zahl der Schiffe im Nord-Ostsee-Kanal ist wegen der dadurch öfter gebotenen Gelegenheit für Beiladungen nur als sehr vortheilhaft anzusehen.

*) Der Gesammtverkehr im Suez-Kanal bezifferte sich 1890 auf 3389 Dampfer mit 9 749 129 Br. Reg.-Tons und 1891 auf 4207 Dampfer mit 12 217 986 Br. Reg. Tons, von letzteren entfallen 160 747 Br. Reg.-Tons auf 105 Kriegsschiffe, so daß als Handelsverkehr 4102 Dampfer mit 12 057 239 Br. Reg. Tons verbleiben und somit eine Zunahme von 23,68 % an Tonnengehalt vorliegt.

<small>Ueber die Tarifirung der Kanal-abgaben</small>

Die nach der Wegabkürzung für den Kanal zu erwartende Schifffahrt wird sich in dem bezeichneten Umfange nur dann dem Nord-Ostsee-Kanal zuwenden können, wenn die Vortheile an Zeitgewinn und Kostenersparniß nicht durch eine zu hohe Tarifirung der Kanalabgaben beeinträchtigt werden. Liegt eine rege Benutzung des Kanals schon an und für sich im finanziellen Interesse des Kanals bezw. des Reichs, so tritt der wirthschaftliche Gesichtspunkt der Förderung der deutschen Seeschifffahrt hierbei noch ganz besonders hervor. Gerade die Schifffahrt aus den deutschen Hafenstädten wird durch Hinwegräumung der Landbarriere, die sich bisher in Gestalt der jütischen Halbinsel als Riegel vorschob, gewinnen können. Aber nicht nur die mittlere und große Seeschifffahrt, welche meist ins Auge gefaßt wird, sondern besonders die kleinere, die Küstenschifffahrt, wird sich vermöge der dann gegen die Unbilden der hohen See und des weiten Umweges um Skagen und seine Gefahren gesicherten Fahrt durch den Kanal wesentlich kräftiger entwickeln können, als dies bisher möglich war. Ein gewisser Theil der deutschen Küstenschifffahrt fehlte bisher fast ganz; es ist derjenige, welcher sich die unmittelbare Verbindung der deutschen Küstenplätze an beiden Meeren untereinander zur Aufgabe machen sollte und der in dem Ausbau der binnenländischen zum Meere führenden Wasserstraßen, Dortmund-Ems-Kanal (Emdener Seehafen), Rheinschifffahrt u. s. w. einen kräftigen Antrieb zu erfolgreicher Bethätigung finden wird. Gerade diesem Verkehr wird dereinst, eine angemessene niedrige Tarifirung der Kanalabgaben vorausgesetzt, der Nord-Ostsee-Kanal von wesentlichem Nutzen sein. Bezüglich des Tarifs für die Kanalfahrt werden noch weitere Gesichtspunkte Beachtung verdienen. Jedenfalls muß aber eine zweckdienliche Feststellung erfolgen, auch übersichtlich sein und geringe Abgaben vorschreiben, um zunächst für eine Heranziehung des Verkehrs anregend zu wirken; dazu gehört auch eine niedrige Normirung des Lootsengeldes zwischen Brunsbüttel und der Nordsee.

<small>Deutsche Küsten-schifffahrt.</small>

Daß auf dem Gebiet der inneren deutschen Küstenschifffahrt zwischen den Häfen der Nord- und Ostsee (den Rheinhafen Rotterdam mit eingeschlossen) eine ganz bedeutende Lücke vorhanden ist, zeigen folgende, den Spalten 2, 3, 4 und 6 entnommene Zahlen der Tabelle für die betreffenden deutschen Küstengebiete; danach stellte sich der Oktoberverkehr 1891, wie folgt:

Es betrug die Schifffahrt (Dampfer und Segler) in Ein- und Ausgang zusammen:

	Elbhäfen		Weserhäfen		Emshäfen		Rotterdam (angenommen als Vorhafen des Rheins)		Deutsche Nordseehäfen zusammen	
	S.	T.	S.	T.	S.	T.	S.	T.	S.	T.
Preußen und Pommern	44	15763	33	8121	13	1634	21	14081	111	39599
Mecklenburg...	—	—	—	—	—	—	—	—	—	—
Lübeck......	—	—	—	—	—	—	1	476	1	476
Schlesw.-Holst. (Ostküste)	13	2431	18	1917	—	—	3	286	34	4634
Deutsche Ostsee	57	18194	51	10038	13	1634	25	14843	146	44309
Gesammte Ostsee	128	49715	92	24184	28	5723	80	61733	328	141355

Der gesammte, jetzt über See vermittelte Verkehr zwischen den deutschen Küstenplätzen der Ost- und Nordsee beträgt also Oktober 1891 nur 146 Schiffe mit 44709 Reg.-Tons. Dieser deutsche Nord-Ostsee-Verkehr nimmt also nur etwa den 15. Theil an Schiffszahl und den 35. Theil an Tonnengehalt des gesammten Nord-Ostsee-Verkehrs von 2199 Schiffen mit 1557709 Reg.-Tons ein. Wenn auch hierbei die Angaben für Mecklenburg ganz fehlen*) und für Lübeck nicht vollzählig sein dürften, so zeigt doch diese Verkehrsnachweisung, daß der Nord-Ostsee-Kanal gerade den deutschen Hafenplätzen im unmittelbaren Verkehr Nutzen bringen wird. Die Hebung der Küstenschifffahrt, die vielfach noch das Gebiet der Segler ist, wird aber dazu beitragen, sowohl im Interesse der Handels- wie der Kriegsmarine die Zahl der seemännischen Bevölkerung zu steigern, an der es erfahrungsgemäß gegenüber den zunehmenden Anforderungen der Kriegsmarine bei uns ganz erheblich mangelt.

Die geringen Verkehrszahlen der deutschen Hafenplätze lassen aber weiter noch erkennen, daß gerade der Verkehr aus den Industriegegenden des Westens nach den landwirthschaftlichen Produkte ausführenden Häfen der Ostsee zur Zeit noch ein minimaler ist, und auch hier der wirthschaftlich so vortheilhafte gegenseitige Austausch auf dem billigen Wasserwege einer Steigerung und zum Theil völligen Neuschaffung in beträchtlichem Maße fähig ist.

* Angaben über den mecklenburgischen Nordseeverkehr waren nicht zu erhalten.

Die letzte Zeile des obigen Tabellenauszuges zeigt, daß der Verkehr der gesammten Ostseehäfen mit den deutschen Häfen der Nordsee, einschließlich Rotterdam, 323 Schiffe mit 141355 Reg.-Tons beträgt. Von dem gesammten Ostsee-Verkehr mit der gesammten Nordsee von 2199 Schiffen mit 1557709 Reg.-Tons abgezogen ergiebt dies, daß die nichtdeutschen Häfen der Nordsee und in weiterer Entfernung einen Verkehr von 1876 Schiffen und 1416354 Reg.-Tons mit den gesammten Ostseehäfen haben.

Der Verkehr der deutschen Nordseehäfen mit der gesammten Ostsee macht daher im Verhältniß zum ganzen Verkehr bisher nur einen kleinen Theil aus, was nicht verwunderlich ist, weil gerade die deutschen Nordseehäfen bisher, bei dem Fehlen eines Nord-Ostsee-Kanals, den ungünstigsten Weg nach der Ostsee haben. Hier wird also der größere Einfluß der Verbesserung der Verkehrsmöglichkeiten durch die Kanalfahrt sich ebenfalls bei den deutschen Nordseehäfen stark geltend machen.

Betrachtet man umgekehrt den kanalpflichtigen Verkehr der deutschen Ostseehäfen mit der gesammten Nordsee und entfernteren Häfen, so ergeben sich 409 Schiffe mit 249380 Reg.-Tons, somit ein wesentlicherer Antheil als ihn die deutschen Nordseehäfen am Gesammtostseeverkehr haben (s. oben 323 Schiffe, 141355 Reg.-Tons). Jedoch macht auch dieser Verkehr der deutschen Ostseehäfen mit den gesammten Nordseehäfen nur einen geringen Bruchtheil des gesammten kanalpflichtigen Nord-Ostsee-Verkehrs (1488 Schiffe, 1091085 Reg.-Tons) aus.

Diese Ermittelungen ergeben also, daß gerade der deutsche Antheil am Meerverkehr zwischen beiden Meeresgebieten, möge es sich nur um denjenigen zwischen beiderseits deutschen oder um denjenigen zwischen deutschen und fremden Küstengebieten handeln, in besonderem Grade Anwartschaft auf Steigerung durch den Nord-Ostsee-Kanal hat.

Antheil der deutschen Flagge am Nord-Ostsee-Verkehr.
In der dritten dieser Denkschrift angefügten Tabelle ist der Antheil der deutschen Flagge an dem gesammten Verkehr zwischen Nord- und Ostsee (auch überseeisch) verzeichnet. Aus derselben ergiebt sich folgendes:

Anlage III.
Von dem gesammten Schifffahrtsverkehr zwischen Nord- und Ostsee entfiel auf die deutsche Flagge 21,434 %. Vertheilt auf den Verkehr, der in Zukunft noch um Skagen gehen würde, und auf denjenigen durch den Nord-Ostsee-Kanal ergiebt sich für den Verkehr um Skagen 18,647 % als Antheil der deutschen Flagge und

22,626 % als Antheil derselben am Verkehr durch den Nord-Ostsee-Kanal.

Besonders günstig für die deutsche Schifffahrt durch den Nord-Ostsee-Kanal stellt sich das Prozentverhältniß zwischen den überhaupt in der Nord-Ostsee-Schifffahrt beschäftigten Schiffen. Von diesen gehen um Skagen 26,061 %, durch den Nord-Ostsee-Kanal dagegen das nahezu dreifache, 73,089 %. Daß gerade der deutschen Flagge die Kanalfahrt von Nutzen sein wird, ist hierin klar ausgedrückt.

Aus dem Antheil der deutschen Flagge am Gesammtverkehr zwischen Nord- und Ostsee geht deutlich hervor, daß hier ein noch sehr wenig erschlossenes Wirthschaftsgebiet liegt, welches, durch die Ungunst der Lage und Ausdehnung der bisherigen Verkehrswege bisher unausgenutzt geblieben, in Zukunft reiche Gelegenheit zum friedlichen, wirthschaftlichen Wettbewerb der in Frage kommenden Kreise bietet. Es kann nicht zweifelhaft sein, daß gerade deutscherseits die Bestrebungen darauf gerichtet werden müssen, die wesentliche Steigerung des Verkehrs, die hier möglich erscheint, durch eine umfassende allseitige Betheiligung hervorzurufen.

Um ein ungefähres Bild von der Bedeutung und dem Umfange des Seeschifffahrtsverkehrs der deutschen Häfen zu gewinnen, seien hierneben die betreffenden Zahlen in tabellarischer Zusammenstellung nach der amtlichen „Statistik des deutschen Reichs" abgedruckt. Dieselben enthalten den ein- und ausgehenden gesammten Verkehr von Seeschiffen, jedoch nur derjenigen über 50 Reg.-Tons; sie sind für die drei Jahre 1880, 1885 und 1890 zusammengestellt, damit sie eine Anschauung von der Bewegung des Schiffsverkehrs in dieser Periode bieten können. Der Seeverkehr Cuxhavens ist erst 1890 gesondert aufgeführt, er war bisher in dem Hamburger Verkehr enthalten; für Warnemünde fehlen Angaben.

Schiffsverkehr der deutschen Seehäfen.

Die Häfen sind in der Reihenfolge von Westen nach Osten so geordnet, daß sich die Küstengebiete und die Stromgebiete im Einzelnen gut übersehen lassen.

Es zeigt sich nun in der **Schiffszahl**:

In der **Nordsee**: Eine geringe Zunahme in der Ems und eine bedeutende Zunahme auf der Elbe. Eine Abnahme in der Jade, Weser und Eider.

In der **Ostsee**: Durchweg eine Zunahme, jedoch ist dieselbe in Lübeck und den beiden Provinzen Preußen nur

Schiffsverkehr der deutschen Seehäfen.

		1880	1880	1885	1885
		Schiffs zahl	Reg.-Tons	Schiffs zahl	Reg.-T.
Nordsee-Häfen	1. Emden	1050	55862	1113	557
	2. Leer	995	98530	1104	817
	3. Papenburg	606	44248	668	704
	Emshäfen	2651	198640	2885	2080
	4. Wilhelmshafen	1447	40019	2675	670
	Jade	1447	40019	2675	670
	5. Bremen	2044	121365	2107	1995
	6. Bremerhafen	3024	1727722	2689	16472
	7. Geestemünde	1294	481956	1298	5057
	8. Elsfleth	74	8232	76	102
	9. Brake	765	116537	612	1507
	Weser	7201	2455212	6782	25136
	10. Curhafen				
	11. Hamburg	11109	5442017	12717	73345
	12. Altona	1152	109414	1186	3168
	Elbe	12261	5551431	13903	76513
	13. Neudsburg	701	29892	222	109
	Eider	701	29892	222	109
	Nordsee	24261	8275194	26467	104513
Ostsee-Häfen	14. Flensburg	3151	219660	2851	2498
	15. Kiel	6468	670351	6975	10709
	Schlesw.-Holst. Ostküste	9619	890011	9826	13207
	16. Lübeck	4648	730830	4410	8304
	Lübeck	4648	730830	4410	8304
	17. Wismar	780	101244	966	1603
	18. Rostock	1537	152856	1896	1900
	19. Warnemünde	—	—	—	—
	Mecklenburg	2317	254100	2862	3510
	20. Barth	125	4174	60	26
	21. Stralsund	1065	92775	1291	1727
	22. Greifswald	204	15559	201	186
	23. Stettin	6759	1523305	6753	19678
	24. Swinemünde	1072	181880	1130	4820
	25. Stolpmünde	565	33770	651	555
	Pommern	9777	1854463	10086	26995
	26. Danzig Neufahrwasser	3663	975801	4173	11963
	27. Elbing	216	14375	135	114
	28. Königsberg Pillau	3450	794849	4003	11715
	29. Memel	1830	328815	1706	3781
	Ost- und West-Preußen	9159	2113940	10017	27574
	Ostsee	35520	5819744	36701	79592
	Total	59781	14094938	63168	184106

gering, in Schleswig-Holstein (Ostküste), Mecklenburg und Pommern bedeutend.

Im **Tonnengehalt** ergiebt sich jedoch, mit alleiniger Ausnahme der Eider, in beiden Meeren eine meist sehr bedeutende Zunahme und zwar:

In der Nordsee: Bei der Eider eine Abnahme, bei der Ems und Jade eine nicht sehr bedeutende Zunahme, bei der Weser und der Elbe hingegen eine sehr bedeutende Zunahme; die Elbe zeigt fast eine Verdoppelung.

In der Ostsee: Bei Ost- und Westpreußen eine geringere Zunahme, bei Schleswig-Holstein, Lübeck, Mecklenburg und Pommern beträchtlichere Zunahmen.

Die Ungleichmäßigkeit der Zunahmen an Tonnengehalt im Verhältniß zur Zunahme an Schiffszahl zeigt auch hier wieder an, daß eine **Wandlung der durchschnittlichen Schiffsgröße** und zwar in dem Sinne einer **Steigerung** derselben stattfindet. So betragen die durchschnittlichen Schiffsgrößen in Reg.-Tons:

	1880	1885	1890
Nordsee	341	395	488
Ostsee	164	217	229
Gesammtdurchschnitt	236	291	331

Vergleicht man den **Totalverkehr nach Schiffszahl** in den Häfen der Nordsee mit dem in den Häfen der Ostsee, so ergiebt sich:

	1880	1885	1890
Nordsee	24 261	26 467	30 420
Ostsee	35 520	36 701	41 221
Total	59 781	63 168	71 641

Dies ergiebt eine Zunahme von 1880 bis 1890 in Prozenten bei der Nordsee 2,5 %, Ostsee 1,6 %, Total 2,0 % p. a.

Eine Zusammenstellung des **Tonnenverkehrs** in den Häfen der Nord- und Ostsee ergiebt:

	1880	1885	1890
Nordsee	8 275 194	10 451 367	14 854 501
Ostsee	5 819 744	7 959 294	9 278 883
Total	14 094 938	18 410 661	24 133 384

In Prozenten ausgedrückt ergiebt dies von 1880 bis 1890 als Zunahme bei der Nordsee 7,95 %, Ostsee 5,04 %, Total 7,12 % p. a.

Aus beiden prozentualischen Zahlenangaben geht hervor, daß der Schiffsverkehr in der Nordsee sowohl der Schiffszahl als auch der Schiffsgröße nach in stärkerem Grade gewachsen ist, als in der Ostsee.

Es findet dies seine natürliche Erklärung in der bisher wesentlich besseren Belegenheit der Nordseehäfen in Beziehung zum überseeischen Verkehr, ferner in der erheblich besseren Ausstattung mit einem eigenen, sowohl konsum- wie produktionsfähigen Hinterland. Die Nordseestädte, namentlich Hamburg, haben neben den für alle Seehäfen gleichmäßig dienstbaren Schienenwegen ein ganz außerordentlich starkes Binnenschifffahrtsnetz hinter sich, welches, wie dies besonders bei dem unmittelbaren Zusammenhange des Elbe- und Obergebietes der Fall ist, den Verkehr aus dem gesammten Nordwesten und aus einem großen Theile des Ostens (bis nach Schlesien hinein), des eigentlichen Hinterlandes der Ostseehäfen, den Nordseehäfen zuführt.

Wenn man die Verkehrszahlen nach Schiffen und nach Tonnengehalt in einer graphischen Darstellung (S. 19) vereinigt, dann gewinnt man den besten Ueberblick über das Größenverhältniß beider.

Die Weser- und Elbhäfen zeigen die größten Schiffe und das größte Verkehrsquantum, in der Ostsee ist beides bei Pommern und Preußen der Fall. Diejenigen Gebiete, welche in der Ostsee von der Theilnahme am überseeischen Verkehr infolge ihrer ungünstigen Belegenheit im Westen (Mecklenburg, Lübeck, Schleswig-Holstein) bisher am meisten ferngehalten sind, haben auch die kleinsten Schiffe. Dasselbe trifft Ems, Jade, Eider, woselbst kein direkter überseeischer Verkehr vorhanden ist. Die genannten westlichen Nordsee- und die westlichen Ostseeküsten werden aber, erstere namentlich durch den Dortmund-Ems-Kanal in noch vermehrtem Maaße, beide durch den Nord-Ostsee-Kanal eine erhebliche Verkehrsvermehrung erfahren können. Den ersteren wird ein sehr exportfähiges Hinterland erschlossen, welches sowohl überseeisch exportirt (zur Zeit durch den Rhein), als auch jene Massenartikel (Kohlen) produzirt, die in der Ostsee gebraucht werden. Das bezeichnete Küstengebiet wird also in beiderlei Hinsicht Vortheile haben. Das zweite, das westliche Ostseegebiet wird von dem Hemmniß des über Gebühr langen Umweges um Skagen befreit und daher bei entsprechender Thätigkeit feiner Handelskreise, wie auch), wenn ein geeigneter Ausbau der Anlagen am Nord-Ostsee-Kanal stattfindet, in wesentlich unmittelbarerer Weise als bisher am weiteren und überseeischen Verkehr theilnehmen können.

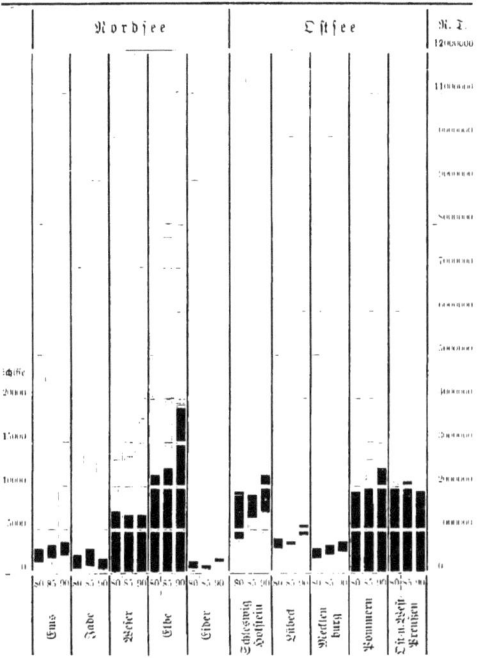

Die schwarze Farbe bezeichnet die Anzahl der Schiffe und das schwarz chraffirte den Tonnengehalt derselben.

Güterverkehr in den deutschen Seehäfen.

Ueber den Güterverkehr in den deutschen Seehäfen, bahn-, strom- und seewärts ein- und ausgehend, der also sowohl die effective, von der Seeschifffahrt bewirkte Waarenbewegung als auch die Güterbewegung per Bahn und Strom angiebt, bietet die **Anlage IV.** anliegende Tabelle über die Jahre 1880, 1885 und 1890 einen Anhalt. Bezüglich des Mangels an Vollständigkeit der Angaben wird auf die Bemerkungen am Fuße derselben hingewiesen.

Die summarischen Zahlen in den drei letzten Rubriken lassen erkennen, daß in Uebereinstimmung mit der vorhergegangenen (S. 16) Uebersicht über die Schifffahrtsbewegung nach Anzahl und Raumgehalt der Schiffe sich auch bei der Güterbewegung eine Zunahme des Verkehrs bemerkbar macht.

Was speziell die in den ersten Rubriken enthaltenen Angaben über die Güterbewegung zu Schiff in den Jahren 1880, 1885 und 1890 anbetrifft, so findet hier in allen Küstengebieten der Nord- und Ostsee, mit alleiniger Ausnahme von Weser, Lübeck und Westpreußen im Jahre 1885, sowie Ost- und Westpreußen im Jahre 1890, eine Zunahme statt, die am stärksten bei Pommern und den vermöge ihrer Lage am Leichtesten am Weltverkehr betheiligten Weser- und Elbhäfen ist, in geringerem Maße dagegen bei der Ems, Schleswig-Holstein (Ostküste und Lübeck) stattfindet. Die Bewegung, welche in nebenstehender graphischer Skizze bildlich dargestellt ist und hier besonders in die Augen fällt, steht fast überall in Uebereinstimmung mit der Schifffahrtsfrequenz laut Tabelle. (S. 16.)

Bei Hamburg, welches an der Ausmündung des leistungsfähigsten, in einem deutschen Seehafen mündenden Stromes mit den ausgedehntesten Schifffahrtsnetzen liegt, fällt der bedeutende Antheil von Strom und Bahn an der Gesammtgüterbewegung ins Auge. Dieser Antheil ist in ähnlichem Maße gestiegen, wie die Güterbewegung der reinen Seeschifffahrt. Eine ähnliche Erscheinung zeigt sich bei Stettin. Auch Königsberg und Danzig zeigen einen ihrem Stromgebiet entsprechenden Einfluß.

Hamburgs Schifffahrtsbeziehungen zur Elbe.

In einen regen Wettbewerb ist man seitens der Elbhäfen, namentlich seitens Hamburgs schon seit Jahren eingetreten. Besondere Begünstigung hat die wirthschaftliche Entwickelung, namentlich der Seeschifffahrt, in Hamburg durch den vollzogenen Zollanschluß erfahren, welcher derselben unter Gewährung ausreichender, erweiterungsfähiger und vielfach auch schon erweiterter Freihafenanlagen eine Neueinrichtung der gesammten Hafenanlagen in den deutschen Seehäfen seewärts ein- und ausgehend.

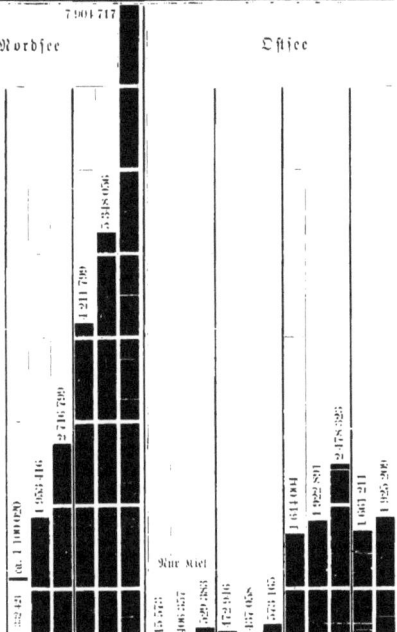

von Grund auf gebracht hat, die in ihrer Großartigkeit und Zweckmäßigkeit ihres Gleichen sucht. Gerade diese Neueinrichtungen haben der alten Hansastadt nachweislich die Unterlage zur Erweiterung ihrer Schifffahrtsverbindungen geboten, die seit dem Jahre 1888 in einer geradezu imponirend rapiden Weise zugenommen haben. Eine Handelsstadt wie Hamburg wurde dabei sowohl durch die große Zahl der im Geschäftsleben stehenden und bewanderten Personen, die Thatkraft und Weitsichtigkeit ihrer Handelskreise, als auch durch die Finanzkraft derselben in wirksamster Weise gefördert. Es mag auch die Aussicht auf die bevorstehende Eröffnung des Nord-Ostsee-Kanals darauf eingewirkt haben, daß sich der Schiffsverkehr in so beträchtlichem Maße entwickelt hat. Denn wie die Tabelle Seite 24—25 zeigt, hat der Schiffsverkehr Hamburgs mit der Ostsee in den Jahren von 1883—1890 in einem ganz außerordentlichen Grade zugenommen. Derselbe ist gestiegen von

1883 mit 897 Schiffen und 135,531 Reg.-Tons
auf 1890 „ 1394 „ „ 374,359 „ „

Zunahme 497 Schiffe und 238,828 Reg.-Tons

Während sich also die Schiffszahl um mehr als 60 % gehoben hat, ergiebt die Tonnenzahl im Verkehr mit der Ostsee eine jährliche Zunahme von 22 % gegen eine Vermehrung des allgemeinen Schiffsverkehrs in Hamburg von 9 % per Jahr (siehe Tabelle Seite 16).

Aus dieser Thatsache, sowie aus dem Umstande, daß das bedeutende Anwachsen des Schiffsverkehrs ein durchaus stetiges gewesen ist, geht hervor, daß man es hier mit einem in der Ostsee vorhandenen Bedürfnisse an Verkehrsgelegenheiten mit jenen Nordseehäfen zu thun hat, der unter den bisherigen Verhältnissen den direktesten Anschluß an den überseeischen weiteren Verkehr bieten konnte. Es ist kein Grund ersichtlich, weshalb die Ostseehäfen bei Benutzung des Nord-Ostsee-Kanals, der den Weg nach und von der Ostsee so bedeutend abkürzt, nicht in der Lage sein sollten, ihrerseits das sich auf ihre einzelnen Häfen vertheilende Bedürfniß günstiger zu befriedigen.

Als selbstverständlich kommt noch hinzu, daß jede Verkehrsverbesserung auch eine Verkehrsvermehrung schafft, im vorliegenden Falle also auch in den Ostseehäfen die Möglichkeit zur Anlegung von Industrien, von Waaren- und Kommissionsgeschäften größerer Art gegeben wird.

Bei einem direkten Verkehr und Import aus erster Hand sowie an der ersten Exportstelle ergeben sich Vorzüge, die das Ausland und Hamburg bisher nahezu allein besessen hat, und die Thatsache des bisherigen stetigen Steigens des betreffenden Ostseeverkehrs spricht sehr deutlich hierfür.

Hamburg-Ostsee-Hamburg. Wenn man die Zahlen der auf
Total. S. 24—25 mitgetheilten Tabelle in graphischer Darstellung giebt, dann bietet sich ein überaus charakteristisches Bild dar. Ganz unbestritten erheblich ist im Gesammtverkehr Hamburgs seine Zunahme in den Jahren 1883—1890. Die von 135531 Reg.-Tons auf 374359 Reg.-Tons ansteigende Linie des Verkehrs hat nicht ein einziges Mal einen Rückgang erfahren; denn 1886 war sie weit über die normale Zunahme hinaufgeschnellt, sodaß 1887 nur relativ, und nur mit Bezug auf das eine Jahr 1886, eine kleine Steigerung erfuhr. Die Gesammtbewegung derselben spricht sich im Sinne einer unwiderstehlichen stärkeren Steigerung aus.

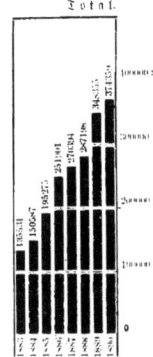

Wenn man nun die Verkehrsangaben nach den einzelnen Küstengebieten der Ostsee getrennt zur graphischen Darstellung bringt, dann werden die in mannigfacher Hinsicht bemerkenswerthen Verschiedenheiten ebenfalls deutlich ersichtlich. Es sei hier auf die graphischen Darstellungen der einzelnen Verkehrsrichtungen (S. 27) verwiesen. Dieselben zeigen, daß nicht die deutschen, sondern die ausländischen Küstengebiete in der Ostsee es sind, nach denen hin Hamburgs Verkehr nicht nur der bedeutendere ist, sondern auch in erheblich stärkerem Maße zugenommen hat. Die einzige Ausnahme hiervon macht Ostpreußen, jene Provinz, deren Handelsschifffahrt in überwiegendem Maße auf ein ausländisches Hinterland (Rußland) angewiesen ist, so daß also auch hier der Verkehr Hamburgs (indirekt) mit einem Auslandsgebiet in Frage steht.

Hambu
mit der Ostsee in

Herkunfts- bezw. Bestimmungs- Land	1883				1884				1885				1886		
	An-gekommen		Ab-gegangen		An-gekommen		Ab-gegangen		An-gekommen		Ab-gegangen		An-gekommen		geg
	Anzahl	Register Tons	Anzahl	Register Tons	Anzahl	Register Tons	Anzahl	Register Tons	Anzahl	Register Tons	Anzahl	Register Tons	Anzahl	Register Tons	Anzahl
Ostpreußen	19	1217	47	4845	7	459	26	3099	38	6469	39	8851	37	9499	45
Westpreußen ...	4	612	36	4415	10	1330	28	6698	14	3107	15	2212	12	3240	17
Pommern	5	2523	49	3701	6	662	54	3686	4	192	37	2817	4	4220	62
Mecklenburg ...	—	—	10	754	4	575	5	595	—	—	2	68	4	112	17
Schleswig-Holstein (Ostküste)	32	2050	74	2291	26	3273	61	2633	26	4115	88	3177	39	10982	63
Lübeck	—	—	1	32	1	430	—	—	—	—	—	—	2	1370	3
Rußland (Ostsee) .	15	7229	74	21568	26	10485	56	20106	33	29560	70	32923	68	35615	74
Schweden	179	28507	206	45798	202	32286	204	54529	297	45436	225	55227	256	50625	196
Dänemark	53	4206	93	5783	56	2912	93	7529	61	9638	83	6483	45	9442	104
Zusammen	307	46344	590	89187	338	52312	524	98285	473	83517	559	111758	467	125105	581
Total	897	135591			862	150697			1032	195275			1048	251?	

Schiffsverkehr
hren von 1883 bis 1890.

1887				1888				1889				1890			
An-gekommen		Ab-gegangen		An-gekommen		Ab-gegangen		An-gekommen		Ab-gegangen		An-gekommen		Ab-gegangen	
Anzahl	Register-Tons	Anzahl	Register-Tons	Anzahl	Register-Tons	Anzahl	Register-Tons	Anzahl	Register-Tons	Anzahl	Register-Tons	Anzahl	Register-Tons	Anzahl	Register-Tons
13059	52	13820	67	17174	59	18318	106	27265	80	26064	93	33247	98	33384
6342	14	3145	18	9339	23	5177	42	11227	36	10299	54	20979	54	19478
2774	75	6556	5	624	48	3584	7	10218	65	6973	12	8883	60	5830
1554	11	641	1	655	5	166	4	230	9	464	—	—	—
12583	104	7176	61	7082	89	5706	45	13190	153	8707	42	13230	199	9926
—	1	40	—	—	2	352	—	—	—	—	—	—	—	—
39058	100	10682	75	39557	92	14263	70	33945	105	50120	65	34166	109	54691
45160	199	18096	224	48761	235	62503	235	51731	216	66491	220	53827	224	67413
12682	118	17056	70	9253	68	13781	83	13643	126	11482	72	7662	92	8543
133212	674	137182	521	133345	621	153853	592	146752	790	180603	558	179094	836	202265
1204		270364		1142		287198		1382		348355		1394		374359	

Rußlands und Schwedens Verkehr mit Hamburg überwiegen in außerordentlichem Maße; ihm schließt sich derjenige Ostpreußens an. Westpreußen ist schwach, zeigt aber immerhin eine stetig steigende Tendenz.

Pommern, Schleswig-Holstein und Dänemarks Seeverkehr ist demgegenüber recht gering, auch zeigt sich hier kaum eine ausgesprochene Tendenz zum Steigen. Am auffallendsten muß dies bezüglich Pommern erscheinen; aber dies erklärt sich sofort dadurch, daß dasselbe in dem Hafen von Stettin einen mit großem Hinterland versehenen Platz hat, der treffliche Bahn und namentlich Wasserverbindungen nach dem Binnenlande, auch mit Hamburg, aufweist und schon seit längerer Zeit eine direkte transatlantische Dampfschifffahrt (allerdings von Hamburg und Kopenhagen eingerichtet) besitzt. Daher kann Stettin bisher eines Seeverkehrs mit Hamburg in gewissem Grade entrathen.

Nach der pro Monat Oktober 1891 aufgemachten, dieser Denkschrift als Tabelle I angehefteten Aufstellung über den Verkehr Pommerns mit der Nordsee hat von dem Gesammtverkehr der Häfen mit der Nordsee von 239 Schiffen mit 172577 Reg.-Tons der Hafenplatz Stettin allein 215 Schiffe mit 167432 Reg.-Tons gehabt; ein Verhältniß, welches die im derartigen Verkehr von Stettin bereits gewonnene Kraft zeigt, obwohl dessen überseeische Schifffahrt bisher noch den Umweg um Skagen nehmen muß. Dies beweist die jetzt auch schon mögliche direkte überseeische Schifffahrt eines Ostseehafens, und daß daher außer Stettin auch die anderen Ostseehäfen wesentlich an dem direkten überseeischen Verkehr und seinen unmittelbaren wie mittelbaren Vortheilen partizipiren können, wenn ihnen die Möglichkeit hierzu durch den Nord-Ostsee-Kanal kaufmännisch und nautisch näher gerückt sein wird.

Aehnlich wie bei Pommern verhält es sich mit dem Hamburg-Dänischen Verkehr, da hier Kopenhagen als selbstständiger Handelsplatz mit weitreichenden eigenen überseeischen Linien auftritt. Auch hier ergiebt sich beispielsweise wieder nach den Aufzeichnungen aus Oktober 1891 (siehe Tabelle I) ein Verhältniß des Verkehrs mit der Elbe zu diesem gesammtdänischen, nach welchem dasselbe kein sehr bedeutendes ist. Von 214 Schiffenmit 166149 Reg.-Tons im Oktober 1891 verkehrten nur 20 Schiffe mit 9208 Reg.-Tons mit der Elbe.

Diese Thatsache bekräftigt das soeben betreffs Stettins für die Ostseehäfen Gesagte.

Hamburgs Schiffsverkehr

mit	1883 eing.	1883 ausg.	1884 eing.	1884 ausg.	1885 eing.	1885 ausg.	1886 eing.	1886 ausg.	1887 eing.	1887 ausg.	1888 eing.	1888 ausg.	1889 eing.	1889 ausg.	1890 eing.	1890 ausg.
Ostpreußen.	7217	1815	1559	3099	6469	8851	9499	11437	13169	13899	17174	18318	25265	26064	33247	36384
Westpreußen.	612	4115	1359	4698	3107	2212	3240	2623	2074	3145	3689	5177	14227	10299	20979	19478
Pommern. (mit Stettin).	2523	3701	602	3626	4142	3917	4220	4646	5774	6566	624	4684	10218	6373	8885	6820
Schleswig-Holstein.	3650	2291	3273	3033	4115	3177	10382	6200	12585	7176	7882	6706	13490	8707	13230	9926
Rußland.	7239	21568	10385	29106	20560	32923	35615	29865	38068	40082	29557	44285	35945	50420	34466	54694
Schweden.	28567	45798	32986	54526	45436	55297	50625	51767	45160	48066	48761	62566	51754	66494	58927	67413
Dänemark.	4266	5285	2912	7329	3628	6483	9442	21216	12602	17056	9253	13784	13643	14482	7662	8513

Vortheile des Nord-Ostsee-Kanals für Hamburg

In Zukunft wird der Nord-Ostsee-Kanal dem Handelsemporium an der Elbe unzweifelhaft in erster Reihe zu Gute kommen, da er für dasselbe eine sehr bequeme direkte Route nach und von der Ostsee schafft. Hamburg expedirte früher nach der Ostsee überwiegend indirekt über Kiel und Lübeck. Der Uebergang zum direkten Schifffahrtsverkehr zwischen Hamburg und der Ostsee ist einer der Gründe für die in obiger Tabelle nachgewiesene Steigerung seiner Ostsee-Schifffahrt. Dem großen Elbhafen kommt dabei sehr seine Freihafenstellung zu Statten, sowie seine vorzüglichen, mit Unterstützung des Reichs geschaffenen neuen Hafenanlagen, und in Zukunft die Wegabkürzung durch den Nord-Ostsee-Kanal, so daß Hamburgs Schifffahrtseinfluß sich mit verstärkter Kraft in den Ostseehäfen fühlbar machen wird. Aber gerade diese Umstände müssen den Ostseehäfen Veranlassung geben zu Bestrebungen auf Antheilnahme an einem direkten überseeischen Verkehr, welche gute Aussichten bieten, zumal der Handel überall die direktesten Wege aufsucht. Für solchen neuen Ueberseeverkehr liegt nach Schaffung des Nord-Ostsee-Kanals, zu Gunsten der Ostseehäfen ebenfalls ein vortheilhafterer, weil kürzerer und ungefährlicherer Weg als um Skagen, vor, der noch dadurch eine erhöhte Bedeutung erhält, daß von Brunsbüttel elbaufwärts und zurück reichlich 150 km Umweg beim Verkehr über Hamburg sind, die einen beträchtlichen Zeitverlust herbeiführen und daher unzweifelhaft dann vermieden werden, wenn der Verkehr einen billigen Umschlagsplatz an der Ostsee-Mündung des Kanals vorfindet; dorthin wird jedenfalls ein stark verzweigter Verkehr zu Wasser wie auch zu Lande zusammenströmen. Besonders diejenigen Ostseehäfen, die eine eigene transatlantische Schifffahrt noch nicht haben, sondern eine solche erst nach und nach in längerem Zeitraum schaffen können, werden dann hier, vermittelst Umschlag der ein- und ausgehenden Waaren, mit Hülfe der großen Dampfer sich in einem viel vortheilhafteren Grade an dem direkten Ueberseeverkehr betheiligen können, als es bisher der Fall gewesen ist.

Einfluß fremder Ostseehäfen nach Eröffnung des Nord-Ostsee-Kanals.

Beim Hinblick auf eine solche Entwickelung der Schifffahrtsbeziehungen der deutschen Ostseehäfen ist es nothwendig, in Betracht zu ziehen, welche Häfen für den Nord-Ostsee-Verkehr mit ihrem eigenen Einfluß noch in Frage kommen, der die Interessen dieser deutschen Ostseehäfen beeinträchtigen könnte. In erster Linie steht hier ganz naturgemäß Kopenhagen, welches einerseits im Besitz des Vortheils seiner Lage als Knotenpunkt des überjundischen

Verkehrs ist, andererseits aber durch Herstellung seiner neuen, in großartigem Maßstabe bereits in der Ausführung begriffenen Freihafenanlagen, auf welche noch näher einzugehen ist, sich auch in Zukunft einen kraftvollen Einfluß auf die Nord-Ostsee-Schifffahrt zu sichern trachtet. Außer Kopenhagen ist auch der nicht weit davon entfernte südschwedische Hafen Malmoe zu nennen, woselbst man neueren Nachrichten zufolge ebenfalls die Herstellung von Freihafenanlagen in Vorbereitung genommen hat. Neben diesen genannten, nicht deutschen Seehäfen tritt dann noch als weiterer Faktor der Umstand hinzu, daß die größten deutschen Nordseehäfen **Hamburg** und **Bremen** durch den Nord-Ostsee-Kanal gleichsam als „an die Ostsee gerückt" anzusehen sind, und ihr Einfluß auf die Schifffahrt derselben also dadurch gestärkt werden wird. Aus diesen Thatsachen geht hervor, daß die Ostseehäfen begründete Ursache haben, mit vereinten Kräften in den Wettbewerb auf dem Gebiete der Nord-Ostsee-Schifffahrt einzutreten.

Weiter ist es von Interesse, den Umfang des Schifffahrtsverkehrs in Betracht zu ziehen, welcher zwischen den Weserhäfen und der Ostsee besteht. In dieser Hinsicht wird auf die umstehende Tabelle verwiesen, welche eine Nachweisung über den Schiffsverkehr zwischen Bremen, Bremerhaven-Vegesack einerseits und der Ostsee andererseits enthält.

Bremens Schiffahrtsbeziehungen zur Ostsee.

Bremen-Ostsee-Bremen.
Total.

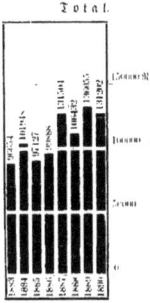

In demselben Zeitraum von 1883 bis 1890, in welchem Hamburgs Verkehr mit der Ostsee an Tonnenzahl sich auf 275 % erhöht hat, ist der Bremer Verkehr in gleicher Richtung an Tonnenzahl nur um ca. 35 % gestiegen; dabei hat die Zahl der Schiffe in diesem Verkehr abgenommen. Es zeigt sich also hier im Allgemeinen zwar auch eine Tendenz der Zunahme des Verkehrs, aber dieselbe ist bei weitem nicht so kräftig ausgeprägt, wie bei Hamburg. Immerhin erheischt sie Beachtung, denn auch für Bremen fällt mit der Eröffnung des Nord-Ostsee-Kanals eine ganz bedeutende Wegeabkürzung nach der Ostsee in die Wagschale.

über den Schiffsverkehr zwischen Bremen, Bremerhav

Von und nach	1883 Eingang Zahl	Register Tons	Ausgang Zahl	Register Tons	1884 Eingang Zahl	Register Tons	Ausgang Zahl	Register Tons	1885 Eingang Zahl	Register Tons	Ausg Zahl
Ostpreußen	116	9056	49	4004	116	8818	34	2464	96	9564	23
Westpreußen	8	421	45	4788	14	1086	41	6419	13	1149	31
Pommern	27	1146	48	4323	32	1341	54	6217	50	2230	27
Schleswig-Holstein (a. d. Ostsee)	57	4681	88	5986	54	6695	74	6568	67	5993	64
Mecklenburg	15	2269	25	1254	—	—	21	944	5	207	18
Lübeck	4	140	4	210	6	865	11	1707	6	355	4
Rußland a. d. Ostsee	86	15845	71	17541	81	16995	52	16932	69	14636	66
Schweden	58	4371	144	15630	61	5723	141	15503	68	5965	160
Dänemark	21	492	95	4494	18	360	85	4301	3	1156	70
Total	392	38424	569	58230	382	41793	513	60155	377	41255	463
		961	96654			895	101948			840	97126

rerseits und der Ostsee andererseits.

1887				1888				1889				1890			
Eingang		Ausgang		Eingang		Ausgang		Eingang		Ausgang		Eingang		Ausgang	
Zahl	Register-Tons	Zahl	Register-Tons	Zahl	Register-Tons	Zahl	Register-Tons	Zahl	Register-Tons	Zahl	Register-Tons	Zahl	Register-Tons	Zahl	Register-Tons
52	4740	20	1868	60	6200	20	2737	82	7786	19	1809	85	11103	14	1728
23	1762	15	1686	12	1251	18	1769	17	1353	16	1701	12	1279	39	4507
17	8634	85	8105	22	1503	32	1195	9	6435	31	6727	27	7541	47	11379
64	13942	117	7675	27	7602	65	4977	43	4673	88	6722	40	5043	67	5015
7	1686	18	1136	23	1344	17	976	2	69	18	1536	6	273	15	715
—	—	1	40	1	39	—	—	—	—	—	—	—	—	—	—
106	27527	57	18813	81	21373	80	14964	90	21838	64	27294	60	10733	66	25151
68	6141	123	23847	103	13844	94	19284	88	12004	139	31921	78	9179	154	28752
37	730	78	3137	2	275	49	4086	6	480	54	3707	9	1949	63	6822
374	65162	514	66342	331	53434	375	52998	337	54638	432	81417	317	47103	465	84089
	888	131504			706	106432			769	136055			782	131202	

Betrachtet man den Verkehr Bremens nach den einzelnen Küstengebieten der Ostsee laut nebiger graphischer Tabelle, so ergiebt sich für **Lübeck** und **Mecklenburg** ein geringer Unterschied; der Verkehr mit **Ostpreußen** ist ziemlich konstant, der Verkehr mit **Westpreußen** und **Schleswig-Holstein** geringer, für **Dänemark** zeigt sich eine Steigerung. **Pommern, Rußland** und **Schweden** haben den größten Antheil und weisen im Allgemeinen einen anhaltend vermehrten Verkehr auf.

Man sieht, Hamburg ist im Verkehr mit der Ostsee gegenüber Bremen wesentlich bedeutender. Bremen entbehrt aber auch im Vergleich mit Hamburg fast vollständig einer für die Massengüter des Hinterlandes unentbehrlichen Binnenfahrstraße, da die völlig isolirt liegende Weser mit der mit dem ganzen mittel- und ostdeutschen Stromgebieten in unmittelbarster Verbindung stehenden Elbe, dem starken Zubringer Hamburgs, keinen Vergleich aushält. In diesem Zustand wird, was wohl zu beachten ist, mit der Herstellung des **Mittellandkanals** (Rhein-Weser-Elbe-Kanal) eine nicht unwesentliche Wandlung für Bremen eintreten, so daß danach der Schiffsverkehr mit der Ostsee einen neuen Impuls erfahren wird, weil die schon erwähnten Produkte des Westens dann auch stromabwärts zur Nordsee kommen und zur Verschiffung bezw. zum Austausch mit den Produkten des Ostens gelangen können.

Für die Beurtheilung Bremens in seinen Beziehungen zur Ostsee kommt noch dessen Eigenschaft als Freihafen (Freibezirk) und der Ausbau seiner Hafenanlagen in Betracht, für welche, ebenfalls unter Betheiligung seitens des Reichs mit Geldmitteln, wesentliche Beträge theils schon aufgewandt sind und theils noch aufgewandt werden. So hat Bremen s. Z. vom Reich 12 Millionen Mark Beitrag zu den Kosten der Einrichtung seiner Hafenanlagen im Freibezirk erhalten. Altona empfing damals 6½ Millionen Mark für seine Hafenanlagen, während Hamburg bekanntlich 40 Millionen Mark erhielt. Die von Bremen seit Jahren in Ausführung genommene bedeutende Korrektion der Unterweser ist mit einem Aufwande von über 30 Millionen Mark ins Werk gesetzt, wofür der bremische Staat eine Schiffsahrtsabgabe erheben wird. Die neuerdings geplanten, den event. Bedürfnissen der Kriegsmarine angepaßten Anlagen im Kaiserhafen in Bremerhaven nebst dem Schleusenbau daselbst stellen sich auf 16 064 000 Mark. Das sind große Summen, die aber

Bremens Schiffsverkehr

mit	eing.	ausg.	eing.	ausg.	eing.	ausg.	eing.	ausg.	eing.	ausg.	eing.	ausg.	eing.	ausg.	eing.	ausg.
Ostpreußen	1652	4604	8848	2464	9564	4840	7471	1986	4710	1868	6200	2537	2786	1849	11103	1798
Westpreußen	424	4758	1086	6419	1129	3588	1240	2214	1702	1693	1254	1762	1253	1701	1379	1567
Pommern	1146	4324	1341	6217	2230	3620	9419	3103	8634	8103	1566	4195	6435	6725	7341	13579
Schleswig-Holstein	4684	5986	6405	6568	5093	5653	4613	4401	13842	1693	7002	1977	4672	6722	5643	5045
Mecklenburg	2269	1254		911	297	948	954	418	1686	1136	1311	976		1586	373	715
Lübeck	140	210	845	1767	355	640	206	194	40	29						
Rußland	1543	17541	16665	16032	11636	15345	11880	954	27527	18843	21373	1986	21828	27284	10738	25131
Schweden	4371	15670	7723	15502	5985	19215	6466	26499	6144	23817	13811	19284	12901	20921	9679	28732
Dänemark	192	4494	390	1404	1156	5134	20	2680	730	3437	275	1686	180	707	1919	6822

mit vollem Recht im wohlberechneten Interesse des Schifffahrtsverkehrs aufgewandt werden und der Handelsstadt Bremen in dem ferneren Wettbewerb eine starke Stütze verleihen werden.

Schifffahrtsbeziehungen der Emshäfen zur Ostsee. Der Verkehr aus den **Emshäfen** nach der **Ostsee** ist zur Zeit nur ein äußerst unbedeutender. Dies wird sich aber in ganz bedeutendem Grade ändern, wenn der **Dortmund-Ems-Kanal** fertiggestellt und damit dem überaus kohlen- und industriereichen Gebiet des Westens ein Ausgangspunkt an der Nordsee geboten sein wird, von dem aus eine Verschiffung nach den deutschen Küstenplätzen an Nord- und Ostsee möglich ist. Der Nord-Ostsee-Kanal wird in dieser Hinsicht dazu beitragen können, das Uebergewicht des englischen Imports zu brechen. Die durch den Dortmund-Ems-Kanal einen Weg zur Küste erhaltenden Kohlengebiete Rheinland-Westfalen produzirten seit 1884 mit jährlich 28 Millionen Tonnen fast die Hälfte der gesammten deutschen Kohlenförderung, der stetig in Zunahme befindliche Absatz der westfälischen Kohle nach den Nordseehäfen hat aber bisher dort noch kein Uebergewicht über die fremde Einfuhr erlangen können; er betrug 1884 etwa nur ein Drittel des Gesammtkohlenimports der Nordseehäfen. Die außerordentliche Erleichterung in der Erreichung der Küste durch den Dortmund-Ems-Kanal wird hier jedoch die Grundlage zur weiteren Verschiffung nach den Nordseehäfen nicht nur, sondern vermöge des Nord-Ostsee-Kanals auch nach der Ostsee werden können. Es ist hier auf das Hinzutreten eines völlig neu sich bildenden Verkehrsquantums zu rechnen, sobald die Kanalwege demselben erschlossen sein werden. Die Kosten, die für den Dortmund-Ems-Kanal aufgewandt werden sollen, sind in dem Gesetz mit ℳ 64 660 000 ausgeworfen, von denen ℳ 3 280 000 auf den 9,2 km langen Lateralkanal Oldersum-Emden und ℳ 5 900 000 auf die Hafenanlagen von Emden entfallen.

Schifffahrtsbeziehungen fremder Nordseehäfen zur Ostsee. Nicht ohne Interesse ist die Thatsache, daß auch jene fremden Häfen an der Nordsee, welche in nahen Beziehungen zu dem deutschen Westen stehen, erhebliche Aufwendungen für ihre Schifffahrtsverhältnisse gemacht haben und noch gegenwärtig machen. So hat **Rotterdam**, der Mündungshafen des Rheinstromes, zur Korrektion und Vertiefung der Maasmündung für Seeschiffe von $7^{1}/_{2}$ m Tiefgang bis zur Zeit reichlich 60 Millionen Mark aufgewandt und die weitere Fortsetzung dieser Vertiefungen und Korrektionen steht bevor. — Antwerpen ist in ähnlichem Sinne thätig, um seine Schifffahrtsstraße durch Baggerungen ꝛc. zu verbessern; die Kostensumme ist nicht näher bekannt. Ueberall aber zeigt sich thatsächlich eine Erkenntniß des hohen Werths guter Seeschifffahrtseinrichtungen, durch deren Schaffung man sich fortwährend gerüstet erhält, um den gesteigerten Anforderungen des Handels zu genügen.

Zu den im Vorstehenden berührten Schifffahrtsverhältnissen der an den deutschen Strommündungen liegenden Nordseehäfen tritt auf der anderen Seite die außerordentliche Rührigkeit Copenhagens hinzu, welches bestrebt ist, den ihm durch die Eröffnung des Nord-Ostsee-Kanals voraussichtlich bevorstehenden Verlust durch verschiedene wirthschaftliche Maßnahmen auszugleichen. Copenhagens Freihafenbauten.

Copenhagen nahm vermöge seiner Lage am Sund, der Hauptpassage der Nord-Ostsee-Schifffahrt, eine centrale Stellung für die letztere ein, die es auch für die Zukunft durch Aufbietung aller Kräfte fest zu halten bestrebt ist. Es drückt sich dies darin aus, daß Copenhagen mit der Errichtung eines bedeutenden Freihafens begonnen hat, den es mit allen geeigneten Einrichtungen für den Verkehr und die Behandlung der Waaren, namentlich aber mit erheblichen Erleichterungen in der Zollbehandlung der Waaren versieht. Die neuen Hafenanlagen sind laut Plan (Anlage V) in großartigem Umfange in Angriff genommen; ihre Kosten beziffern sich auf mehr als 20 Millionen Mark, und ihr Ausbau, der bereits begonnen hat, ist der Art beschleunigt in die Wege geleitet, daß sie ein volles Jahr vor der im Juni 1895 stattfindenden Eröffnung des Nord-Ostsee-Kanals dem Handelsverkehr fertig übergeben werden sollen. In der alten Handelsstadt am Sund sind alle Kräfte gemeinsam thätig, um die alte Position des Knotenpunkts an einer Weltverkehrsstraße nicht zu verlieren. Das Vorhandensein eines erfahrenen, kapitalkräftigen Kaufmannsstandes, sowie das entgegenkommende Mitwirken der dänischen Regierung, der Zollbehörden u. s. w. werden es zu Wege bringen, daß Copenhagen trotz einiger Einbuße durch den Nord-Ostsee-Kanal dennoch in mannigfacher Beziehung neue wirthschaftliche Blüthen treiben wird. Jedenfalls ist die Vorsorge und Umsicht, mit welcher man dort die Wirthschaftsinteressen in opferbereiter Weise schützt und die sich auch auf die besondere Pflege der für einen jeden Seehandelsplatz in der Neuzeit mehr Anlage V. Marie der Freihafenanlagen Copenhagens.

3*

oder weniger unentbehrlich gewordenen Industrie erstreckt, der eingehenden Beachtung seitens der deutschen Seeplätze werth.

II.
Ausnutzung des Nord-Ostsee-Kanals durch die deutschen Seehäfen.

Im Hinblick auf die an allen hervorragenden Seeplätzen des In- und Auslandes sich regende erhöhte Thätigkeit, die mit der Eröffnung des Nord-Ostsee-Kanals zusammenhängt, richtet sich von selbst die Frage an die deutschen Handels- und Schifffahrtskreise, in welcher Weise auch die deutschen Ostseehäfen hinsichtlich der Ausnutzung des Nord-Ostsee-Kanals für die deutsche Seeschifffahrt in den allgemeinen Wettbewerb einzutreten haben.

Wie aus den mehrfach erörterten Zahlen des Nord-Ostsee-Verkehrs hervorgeht, werden die an demselben betheiligten Staaten vermöge des Nord-Ostsee-Kanals in der Lage sein, ihren Verkehr von der Ostsee aus entsprechend weiter auszudehnen und zu vermehren. In gewissem Grade wird und muß dies anspornend für die deutschen Seestädte und die leitenden Kreise im Staat wirken. Als die zuerst in Betracht kommenden Ostseehäfen sind Stettin, Danzig und Königsberg zu nennen; auch ist Memel nicht zu vergessen, obgleich sich dieser nördlichste Küstenplatz in einer durch das Fehlen eines deutschen Hinterlandes recht ungünstig gestalteten Position befindet und sich daher schwerer zur Geltung bringen kann. Die erstgenannten drei Häfen besitzen bereits eine anerkannte wirthschaftliche Bedeutung und eine ausgedehnte eigene Schifffahrt, und sie würden in ihrer Entwickelung erheblich weiter fortgeschritten sein, wenn nicht die Zollverhältnisse mit ihrem dem Seehandel stets mehr oder weniger nachtheiligen Einflusse hemmend entgegengetreten wären. Sie sind nach Eröffnung des Nord-Ostsee-Kanals nicht ohne weiteres in einer ähnlich günstigen Lage, wie dies bei den Nordseehäfen an der Elbe und Weser und bei Copenhagen der Fall ist, da deren Verkehrseinrichtungen und altbewährte Verbindungen diejenigen der Ostseehäfen bei weitem überragen. Aber gerade darum wird mit um so größerer Energie- und Stetigkeit ihrerseits danach gestrebt werden müssen, die eigene Position zu verbessern und dazu die vom Nord-Ostsee-Kanal dargebotenen Gelegenheiten in vollem Maße auszunutzen. Es ist hierbei zweifellos auch staatlicherseits aller Anlaß vorhanden, eine derartige, auf möglichste ausgiebige Nutzbarmachung aller vorhandenen Kräfte gerichtete Thätigkeit in jeder Beziehung zu unterstützen.

Zu den seitens der Seestädte selbst wie auch seitens des Staates zu ergreifenden Maßnahmen dürften, außer der Erwirkung einer wirthschaftlich angemessenen Tarifirung für den Verkehr durch den Nord-Ostsee-Kanal sowie für das Lootsen der Schiffe vor der Ost- und Westmündung, die folgenden zu rechnen sein:

1) Herstellung von Industrien und neuen Beziehungen,
2) Freihäfen resp. Freibezirke in den deutschen Ostseestädten,
3) Ein Umschlagsplatz am Nord-Ostsee-Kanal.

1. Herstellung von Industrien und neuen Beziehungen.

Bei den Verkehrs- und Wirtschaftsverhältnissen der Gegenwart ist das Vorhandensein bezw. die Schaffung von industriellen Unternehmungen in den Hafenstädten für diese letzteren von ganz wesentlicher Bedeutung. Je mehr Gelegenheit zur Verarbeitung von Rohmaterialien und zum daraus folgenden Absatz von Halb- und Ganzfabrikaten in einer Hafenstadt vorhanden ist, um so mehr werden die Verkehrsgewerbe und insonderheit die mit größeren Waarenversendungen rechnende Schiffahrt, an der Ein- und Ausfuhr jener Materialien und Fabrikate betheiligt. Das Vorhandensein von Industrie bildet thatsächlich eine der Hauptgrundlagen für das Gedeihen unseres modernen Handelsverkehrs. Wenn die Seestädte in neuerer Zeit, wie wir vielfach sehen, ihr Streben darauf richten, an ihren Plätzen Industrien zu schaffen, bezw. ihre Entstehung in jeder möglichen Form zu fördern (in Lübeck ist zu diesen Zwecken in den letzten Jahren ein Industrie-Verein gegründet), so handeln sie damit nur folgerichtig und in ihrem wohlverstandenen Interesse. Ein Vorgehen auf diesem Gebiete dürfte daher allen deutschen Ostseestädten recht dringend zu empfehlen sein.

Die Frage, in welcher Weise hier die einzelnen Seestädte thätig sein können, kann nur auf Grund der lokalen Verhältnisse zutreffend beantwortet werden. Es richtet sich dies sowohl nach dem Vorhandensein von Arbeitskräften, dem Terrain, den Lohnverhältnissen und dergleichen, als auch nach den Absatzwegen und Konsumgebieten, der Kapitalkraft und dem Unternehmungsgeist betreffenden Kreise. Daß für alle Ostseestädte einer der Hauptfaktoren, die Erleichterung der Beziehungen zum Weltverkehr resp. der Bezüge von Materialien ꝛc. durch die Fertigstellung des Nord-Ostsee-Kanals geschaffen wird, ist bereits eingehend genug nachgewiesen. Es möge jedoch nachstehend versucht werden, auf Grund einer durch private Ermittelungen erlangten, leider aber nicht vollständigen Uebersicht über das Vorhandensein von industriellen Unternehmungen in den deutschen Seestädten einen Anhalt zur Beurtheilung der Bedeutung dieses Wirthschaftszweiges für die Seestädte zu geben.

Industrie in den deutschen Seestädten.
Die nebenstehende Tabelle über die Industrie in den deutschen Seestädten enthält zunächst summarische Angaben über die Anzahl der in 27 deutschen Nord- und Ostseehäfen vorhandenen industriellen Unternehmungen, und zwar nach der Klassifizirung der Reichsstatistik in 12 Unterabtheilungen (s. erste Rubrik, I—XII) geordnet.

Wie die amtliche Bezeichnung dieser einzelnen Unterabtheilungen erkennen läßt, sind diese sehr weit gegriffen und enthalten die verschiedenartigsten einzelnen Fabrikationszweige und Etablissements. Namentlich konnte die Größe derselben nicht berücksichtigt werden, ein Faktor, der doch von wesentlicher Bedeutung ist, da er das Quantum der Waarenbewegung in maßgebender Weise beeinflußt. Zu den einzelnen Abtheilungen ist erläuternd folgendes zu bemerken.

I. Industrie der Steine und Erden. In der Tabelle ist die Anzahl der Ziegeleien und Mühlsteinesfabriken fortgelassen, da diese wohl in den meisten Fällen für den Ortsbedarf arbeiten und für den von der Seeschifffahrt zu bewirkenden Waarentransport also weniger in Betracht kommen. Aus demselben Grunde ist eine Dampf-Gipsmühle (Elbing) fortgelassen. Enthalten sind in dieser Abtheilung: 5 Glasfabriken, 19 Steinhauereien und Marmorschleifereien, 6 Cementfabriken, 7 Chamotte- und Ofenfabriken und 1 Schmirgelfabrik, zusammen 38 Fabriken. Bei der Industrie der Steine und Erden nimmt Stettin mit seinen 6 Cement- und 3 Chamotte- und Ofenfabriken den ersten Platz ein.

II. Metallverarbeitung. Hier sind aufgenommen: 35 Eisenwerke, Kupfer- und Messingfabriken, 1 Affinerie, 2 Gold- und Silberwaarenfabriken, 1 Anker- und Kettenfabrik, 11 Geldschrankfabriken und 2 Nägelfabriken, zusammen 52 Fabriken. Fortgelassen

in den deutschen Seehäfen.

[Table too degraded/rotated to transcribe reliably]

sind: Klempnereien, Schlossereien und Blechdosenfabriken, als für den lokalen Bedarf arbeitend, und andere kleine Betriebe.

III. **Maschinen, Werkzeuge und Instrumente.** Hier sind aufgenommen: 56 Schiffswerften und Maschinenbauanstalten, 10 Dockanlagen, 15 Wagenfabriken, (darunter eine Waggonfabrik), 55 Maschinenbauanstalten, 14 Instrumentenfabriken, 5 Schreib- und Nähmaschinenfabriken, 13 Decimal- und Waagenfabriken, 8 Mühlenbauanstalten, zusammen 176 Fabriken. Fortgelassen sind Pianofortefabriken. Die Schiffswerften und Maschinenbauanstalten bilden hier den Schwerpunkt, und es ist nur natürlich, daß die Haupthäfen hier den Vorrang haben.

IV. **Chemische Industrie.** Unter dieser Rubrik sind aufgezählt: 10 Guanowerke und Kunstdüngerfabriken, 22 chemische Fabriken, 4 Sprengstoff und Pulverfabriken, 2 Farbholzextrakt- und Gerbstofffabriken, 38 Seifenfabriken, 12 Farbefabriken, 3 Zündholzfabriken, 15 Lack-, Firniß- und Parfümerienfabriken, 5 Schwefelsäurefabriken, 3 Tabacklaugereien, 2 Wasserglasfabriken, 5 Wagenfettfabriken, 2 Sodafabriken sowie 4 Borax- x. Fabriken, zusammen 127 Fabriken. Fortgelassen sind Ammoniakfabriken. **Hamburg, Stettin, Königsberg** und **Danzig** stehen hier in Bezug auf die Zahl der Anlagen im Vordergrunde.

V. **Industrie der Heiz- und Leuchtstoffe.** Hier sind aufgeführt: 3 Stearinfabriken, 28 Oelmühlen, Palmkernöl- und äther. Oelfarbenfabriken sowie Oelraffinerien, 16 Fabriken für elektrische Beleuchtungsanlagen, 5 Mineralölraffinerien, 1 Pechsiederei, im Ganzen 53 Fabriken. Gasanstalten und elektrische Beleuchtungsanlagen sind fortgelassen. **Hamburg** und **Stettin** stehen hier in erster Reihe.

VI. **Papier- und Lederindustrie.** Hier sind aufgeführt: 43 Lederfabriken und Gerbereien, 4 Gummiwaarenfabriken, 8 Papierfabriken, 2 Leder- und Galanteriewaarenfabriken, 14 Convert- und Cartonagenfabriken, 4 Treibriemenfabriken, 18 Dachpappe- und Asphaltfabriken. Summa 93 Fabriken. Fortgelassen sind Tapeten- und Spielkartenfabriken. In erster Linie stehen in den Industriezweigen dieser Rubrik die Hafenstädte **Hamburg, Königsberg** und **Stettin.**

VII. **Textilindustrie.** Aufgeführt sind in der Tabelle 2 Wollkämmereien, 6 Wollengarnspinnereien, 3 Jutespinnereien und Webereien, 1 Baumwolltuch-Treibriemenfabrik, 12 Leinen-, Drell-

und Damastwebereien, sowie Wattefabriken, 22 Seilereien, 2 Kokos-
deckenfabriken, 7 Presenning und Zeltfabriken, im Ganzen 55 Fabriken.
In erster Linie stehen Königsberg, Danzig, Hamburg und
Stettin.

VIII. Holzbearbeitung. Aufgeführt sind 42 Möbel-
fabriken, 5 Goldleistenfabriken, 71 Holzsägereien, 34 Kisten-, Kübel-
und Faßfabriken, 12 Korkfabriken, 14 Bürsten- x. Fabriken, 23 Stock-,
Schirm- und Rohrwaarenfabriken, 1 Stuhlrohrfabrik, 7 Jalousie-
fabriken, zusammen 209 Fabriken. Fortgelassen sind Korbmachereien
und Spielwaarenfabriken, sowie Bautischlerei und Parquetfußboden-
fabriken. Hervorragend an Fabrikzahl sind Hamburg, Bremen,
Kiel, Stettin, Danzig und Königsberg.

IX. Industrie der Nahrungs- und Genußmittel. Hier
sind aufgezählt: 120 Brauereien, 12 Mälzereien, 53 Mühlen,
6 Cakesfabriken, 6 Exportschlachtereien, 86 Fischkonservenfabriken
und Räuchereien, 90 Sprit-, Mineralwasser-, Liqueurfabriken und
Destillationen, 12 Schmelzraffinerien, 108 Tabak- und Cigarren-
fabriken, 8 Margarinefabriken, 16 Zucker- und Syrupfabriken,
Zuckerraffinerien, 9 Talg- und Fettschmelzereien, 9 Brotfabriken,
5 Stärkefabriken, im Ganzen 540 Etablissements. Fortgelassen
sind: Eiswerke, Kaffeeröstereien und Surrogatfabriken, Chokoladen-
und Zuckerwaarenfabriken, Wasserwerke, Essig- und Senffabriken
u. A. Die größten Zahlen weisen auf Hamburg, Bremen,
Geestemünde, Kiel, Lübeck, Stettin, Danzig, Königsberg
und Memel.

X. Bekleidungs- und Reinigungsindustrie. Hierunter
sind gezählt: 34 Hutfabriken, 60 Konfektion-, Kleider- und Wäsche-
fabriken, 20 chemische Waschanstalten und Färbereien; zusammen
123 Fabriken. Nicht aufgeführt sind: Dampfwaschanstalten, Schuh-
waarenfabriken, Badeanstalten und Holzpantoffelfabriken. Am hervor-
ragendsten nach Zahl sind Bremen, Stettin, Danzig und
Königsberg.

XI. Polygraphische Gewerbe. Die nach der Reichsstatistik unter diesen Begriff fallenden Etablissements bieten für die
Beziehungen der Seeschifffahrt wenig Interesse. Es sind daher hier
nur 40 Buchdruckereien und 22 Lithographische Anstalten aufgeführt.

XII. Sonstige Industriezweige. Hier sind nur der
Vollständigkeit halber Anstalten für Fabrikation von Waaren aus
Elfenbein und Bernstein in den Städten Hamburg (3), Stettin (2),

Danzig (3) und Königsberg (5), sowie die in Geestemünde betriebene Fabrikation von Tauwerk (Hanf, Manilla, Stahl) (1) allein genannt.

Schon aus den vorstehenden, höchst unvollständigen Angaben ist ersichtlich, daß die Industrie für die Seestädte eine bedeutende Rolle spielt. Dies tritt namentlich bei den die stärkste Schifffahrt aufweisenden Seehandelsplätzen durch die große Anzahl der in ihnen vorhandenen Industrien hervor. Hamburg hat 68 Fabriken im Freihafen und 187 in der Stadt, zusammen 255 Fabriken. Unter diesen nehmen die im Freihafen befindlichen 68 Fabriken mit 7655 Arbeitern einen ganz bedeutenden Rang ein. Nach einer Aufstellung des Fabrikinspektorats bestanden dort 1891:

12 Schiffswerften, Docks und Maschinenfabriken	mit	5541	Arbeitern,
3 Eisengießereien	„	64	„
10 Schmieröl-, Seifen- und Vaselinefabriken	„	108	„
1 Branntwein-Reinigungsanstalt und Spiritusfabrik	„	502	„
21 Spirituosen- und Liqueurfabriken	„	228	„
5 chemische Fabriken und Guanowerke	„	511	„
3 Fabriken zur Verarbeitung von Erzen	„	213	„
1 Margarinefabrik	„	46	„
2 Kistenfabriken	„	32	„
1 Oelkuchenfabrik	„	181	„
1 Theerbrennerei	„ ca.	10	„
1 Reisschälmühle	„	87	„
1 Kandiskocherei	„ ca.	10	„
1 Cakesfabrik	„	72	„
4 Farbholzfabriken	„ ca.	40	„
1 Malzfabrik	„ „	10	„
68 Fabriken	mit ca.	7655	Arbeitern.

Gleiche bezw. amtliche Aufstellungen liegen über die anderen Hafenstädte nicht vor; jedoch seien hier noch einige Mittheilungen aus anderen Hafenorten gemacht, die zur Sache in Beziehung stehen. Erschöpfend können diese Nachweise nicht sein, da es sich nur um private Gesellschaften und Industrien handelt, aber einigen Anhalt zur Beurtheilung der Situation bieten doch die Veröffentlichungen der Aktiengesellschaften mit ihren Dividendenzahlen.

Die in umstehender Tabelle gegebene Zusammenstellung aus $_\text{Gesellschaften.}^\text{Actien}$ verschiedenen hier in Betracht kommenden deutschen Seestädten für das Jahr 1890 resp. 1891 liefert einigen Aufschluß. Es fällt auf, daß fast bei allen hier angeführten Seestädten die Schifffahrtsgesellschaften ein recht geringes Erträgniß aufweisen; Schiffsbauanstalten zeigen, aber nur stellenweise, bessere Resultate; von den übrigen Industrien ragen Mühlenetablissements, Banken, Brauereien, chemische Fabriken, Thonwaarenfabrikation und Versicherungsgesellschaften mit guten Erträgnissen hervor. Der summarische Durchschnitt ist im Allgemeinen bei den Seestädten kein ungünstiger zu nennen.

Ueber die Aktiengesellschaften in Copenhagen giebt die folgende Tabelle einen Ueberblick.

Actien-Gesellschaften in Copenhagen 1890/91.

Art des Betriebes	Actien-Kapital Kronen	Letzte Dividende im Durchschnitt	Weiteres Actien Kapital, worüber Dividenden Angaben fehlen. Kronen
1. Banken	89 581 157,20	5,87 %	
2. Eisen- und Pferdebahn-Gesellschaften	11 240 000,—	4,19 „	
3. Telegraphen und Telephon-Gesellschaften	27 800 000,—	8,54 „	
4. Schiffswerften, Maschinenbauanstalten und Gießereien	8 870 000,—	5,79 „	275 000,—
5. Dampfschifffahrts-Gesellschaften	21 040 300,-	3,23 „	235 500,-
6. Bierbrauereien	1 600 000,—	6,— „	6 000 000,—
7. Chemische Fabriken	1 270 000,—	5,— „	
8. Spritfabriken	3 000 000,—	7,— „	500 000,-
9. Zuckerraffinerien	9 188 400,—	6,— „	
10. Mühlen-Etablissements	2 000 000,—	6,90 „	
11. Ziegeleien und Kalkbrüche	5 000 000,—	3,80 „	
12. Versicherungs-Gesellschaften	9 270 000,—	12,23 „	1 500 000,—
Transport (S. 46) Kr.	189 859 857,20		8 510 500, -

Na
über die Aktien-Gesellschaften und deren Betriebsergebnisse

	Betrag des Aktien-Kapitals	Auf das Aktien-Kapital sind eingezahlt oder bei Berechnung der Dividenden bereits berücksichtigt worden	Durchschnittlicher Dividende nach den zuletzt bekannt gewordenen Abschlüssen	Betrag des Aktien-Kapitals	Auf das Aktien-Kapital sind eingezahlt oder bei Berechnung der Dividenden bereits berücksichtigt worden	Durchschnittlicher Dividende nach den zuletzt bekannt gewordenen Abschlüssen	Betrag des Aktien-Kapitals	Auf das Aktien-Kapital sind eingezahlt oder bei Berechnung der Dividenden bereits berücksichtigt worden	Durchschnittlicher Dividende
	ℳ.	ℳ.	%	ℳ.	ℳ.	%	ℳ.	ℳ.	
	Königsberg 1891			**Danzig 1891**			**Stettin 1891** (nur die größeren Aktien-Ges.)		
Banken	6290400	6290400	5,2	3000000	3000000	8²⁄₃	655200	—	
Baugesellschaften	234000	234000	2,5	—	—	—	—	—	
Brauereien und Mälzereien	3550000	3550000	14,0	1050000	1050000	0	1350000	—	
Chemische Fabrik	—	—	—	900000	900000	7,0	4950000	—	
Eisenbahnen, Straßen- und Pferdebahnen	2842000	2842000	3,1	—	—	—	1200000	—	
Gasanstalten	—	—	—	—	—	—	—	—	
Hotels und Restaurationen ꝛc.	126465	126465	0	—	—	—	—	—	
Lagerhaus-, Speicher- und Speditions Gesellschaften	—	—	—	—	—	—	555000	—	
Mühlen Etablissements	3396000	3396000	1,9	3000000	3000000	0	2435625	—	1
Papier- u. Papierstoff-Fabriken	—	—	—	—	—	—	1010000	—	
Plantagen Gesellschaften	—	—	—	—	—	—	—	—	
Schiffswerften, Docks, Maschinenbauanstalten, Eisenwerke	2580000	2580000	8,4	—	—	—	1100000	—	
Schiffahrts-Gesellschaften	255000	255000	0	704000	704000	0	3000000	—	
Spritfabriken	—	—	—	—	—	—	—	—	
Versicherungs-Gesellschaften	—	—	—	—	—	—	5587500	—	1
Cement- u. Thonwaarenfabriken	—	—	—	—	—	—	7250000	—	1
Ziegeleien	—	—	—	—	—	—	—	—	
Zuckerfabriken u. Raffinerien	—	—	—	3000000	3000000	0	4640000	—	1
Sonstige Aktien Gesellschaften	310000	310000	5,6	544000	544000	5,0	—	—	
Summa	**47974765**	**47974765**	**4,5**	**12198000**	**12198000**	**2,9**	**43639825**	—	

ifung

igsberg, Danzig, Stettin, Lübeck, Kiel, Hamburg und Bremen.

		Betrag des Aktien-Kapitals	Auf das Aktien-Kapital sind eingezahlt oder bei Berechnung der Dividenden bereits berücksichtigt worden.	Durchschnittliche Dividende nach den zuletzt bekannt gewordenen Abschlüssen	Betrag des Aktien-Kapitals	Auf das Aktien-Kapital sind eingezahlt oder bei Berechnung der Dividenden bereits berücksichtigt worden.	Durchschnittliche Dividende nach den zuletzt bekannt gewordenen Abschlüssen	Betrag des Aktien-Kapitals	Auf das Aktien-Kapital sind eingezahlt oder bei Berechnung der Dividenden bereits berücksichtigt worden.	Durchschnittliche Dividende nach den zuletzt bekannt gewordenen Abschlüssen
ℳ	%	ℳ	ℳ	%	ℳ	ℳ	%	ℳ	ℳ	%
Lübeck 1891		Kiel 1891			Hamburg 1891			Bremen 1890		
3360000	7,6	3100000	2250000	7,0	17325000	14124520	7,0	3515000	3413000	6,0
—	—	—	—	—	7029000	7029000	6,6	—	—	—
800000	7,5	4500000	3100000	5,6	13465000	10230000	5,6	2400000	2400000	8,33
—	—	—	—	—	1796000	1449000	12,7	—	—	—
21000000	6,6	4700000	4700000	4,4	1792400	962400	4,4	—	—	—
—	—	400000	400000	6,0	—	—	—	—	—	—
—	—	—	—	—	7309750	7309750	5,1	1880000	1880000	3,75
—	—	—	—	—	14200000	11200000	6,0	—	—	—
—	—	3850000	3850000	4,2	2500000	1200000	13,0	1100000	1100000	6,25
—	—	—	—	—	14470000	11000000	8,0	—	—	—
700000	7,0	7880000	7880000	1,8	7075000	5875000	8,6	3750000	3750000	5,0
2588900	3,4	2080000	1505000	2,2	8879500	7854650	6,4	5064200	5064200	7,0
—	—	—	—	—	7600000	7000000	0,7	—	—	—
243000	37,5	—	—	—	4905000	1410500	10,2	452880	452880	5,33
—	—	—	—	—	237000	237000	6,7	—	—	—
—	—	—	—	—	3479550	3259250	8,0	(Webereien Spinnereien gemeinnützige und div. Industrien) 2981000	2981000	5,0
28781900	6,7	26510000	23685000	3,8	151061750	354742770	7,4	13918040	13846040	5,67

Art des Betriebes	Aktien-Kapital	Letzte Dividende im Durchschnitt	Weiteres Aktien-Kapital worüber Divid. Angaben fehlt
	Kronen		Kronen
Transport . Kr.	189 859 857,20		8 510 500
13. Hotels, Restaurants und Vergnügungs-Etablissements	2 346 300,—	3,13 %	
14. Badeanstalten . . .	590 000,—	3,47 „	160 000
15. Arbeiter-Baugesellschaften und Wohlfahrtseinrichtungen . . .	2 131 000,—	4,50 „	
16. Diverse Fabrik-Unternehmungen . .	8 002 400,—	4,45 „	1 614 000
Kr.	202 929 557,20	6,02 %	10 284 500

Gleichmäßige und gute Dividenden warfen in Copenhagen pro 1890/91 die Banken ab; sehr ungleichmäßig zwischen 0 und 16 % schwankend zeigen sich die Dividenden der Transportgesellschaften; zufriedenstellend sind die Erträgnisse der Werften x. und niedrig die der Schifffahrtsgesellschaften; recht gute sind diejenigen der Mühlen und mehrerer Versicherungsgesellschaften; die übrigen Gesellschaften bis auf die meist eine sichere, stetig gute Dividende abwerfenden Arbeiterbaugesellschaften, Ziegeleien, chemische Fabriken, weisen unregelmäßige, schwankende Resultate auf. Die gesammte Anzahl der industriellen Etablissements und das außerordentlich große, in denselben angelegte Kapital von über 213 Millionen Kronen lassen aber erkennen, einen wie bedeutenden Faktor diese Wirthschaftsformen im gewerblichen Leben dieser Seestadt bilden.

Es kann selbstverständlich nicht Aufgabe sein, an dieser Stelle den Seestädten Direktiven über das in ihrem eigenen Interesse Vorzunehmende zu geben. Es ist dies Sache der leitenden und treibenden Kreise des Handelsstandes selbst bezw. der Einzelnen. Jene können für die Einzelnen wie für die Gesammtheit die event. Bedürfnißfrage nur allein sachverständig erörtern und beurtheilen, um nach Maßgabe ihrer Erfahrungen zu einer Hebung und Belebung der wirthschaftlichen Verhältnisse beizutragen. Jeder einzelne Hafenplatz kann nur selbst, und gestützt auf Kapitalkraft, die Intelligenz und Unternehmungslust seiner Handelswelt, die Sache in Angriff nehmen.

Bei den Bemühungen um Schaffung von Industrien in den Seehäfen der Ostsee ist im Auge zu behalten, daß die Ostseehäfen für ihre industriellen Anlagen einen nicht unbeträchtlichen Theil der Rohstoffe aus dem überseeischen Auslande, also durch den Nord-Ostsee-Kanal beziehen müssen. Während sie ihn auf dem Wege der Seeschifffahrt importiren, werden sie ebenfalls die Halb- oder Ganz-fabrikate zum Theil auch zur See zu exportiren haben, aber keines-wegs nach denselben Ländern, aus denen sie ihre Rohstoffe ein-führten, sondern nach anderen zur See erreichbaren und des Imports bedürftigen Ländern. Als solche haben wir an der Hand der so-eben gemachten Nachweise aus dem Oktoberverkehr 1891 die nicht-deutschen Ostseegebiete kennen gelernt. Es wird sich im Falle des Vorhandenseins der geeigneten Industrien für die Seeschifffahrt der Ostsee die Möglichkeit zur Anknüpfung bezw. Erweiterung ihres Verkehrs nach jenen Gebieten ergeben, also eine intensivere Gestaltung der inneren Ostseeschifffahrt von deutschen Häfen nach jenen Gebieten bewirken lassen.

Vielleicht giebt in dieser Beziehung eine Erörterung der Ver-hältnisse des Schifffahrtsverkehrs zwischen den Häfen der Nordsee und weiter und den n i ch t deutschen Küstengebieten der Ostsee einige Anregung.

In der nachstehenden Tabelle über den in den fremden Ostsee-häfen eingehenden Schiffsverkehr aus den Häfen der Nordsee, des englischen Kanals und weiter ist ein Anhalt über jenen Import gegeben, welcher geeignet erscheinen dürfte, zum Theil in die Hände deutscher Ostseehäfen überzugehen, sobald diese letzteren vermöge des Nord-Ostsee-Kanals in die Lage gesetzt sein werden, an dem über-seeischen Waarenbezuge mehr theilzunehmen, als bisher. Da der Eiderkanal für diese Schifffahrt nicht in Betracht kommen kann und der Weg um Skagen eine nicht unwesentliche Frachterhöhung ver-anlaßt, ist es zur Zeit den deutschen Ostseehäfen so außerordentlich erschwert, diesen Import für die nichtdeutschen Ostseehäfen zu besorgen, da die Nordseehäfen hierin das unbestrittene Uebergewicht haben.

Die in der Tabelle dargestellte Materie ist wiederum getrennt nach dem Schiffsverkehr aus jenen Häfen, die vermöge ihrer Belegen-heit den Nord-Ostsee-Kanal voraussichtlich benutzen werden, und aus

Ueberseeischer Waaren-bezug.

jenen, von wo aus man vermuthlich auch in Zukunft den Weg um Skagen vorziehen wird. Es zeigt sich hier nun die folgende, in den Summirungen der letzten Rubrik nachgewiesene Erscheinung:

a. **Muthmaßliche Fahrt durch den Nord-Ostsee-Kanal.**

Die Gesammtsumme des Schiffsverkehrs aus diesen Häfen nach den nichtdeutschen Ostseegebieten ist mit 228 601 Reg.-Tons nur rund 60 000 Tons größer, als diejenige aus den anderen Häfen (Fahrt um Skagen). Das größte Quantum des Verkehrs kommt dabei aus Belgien, dem englischen Canal und London, sowie Hamburg, also aus jenen Häfen, die recht eigentlich den überseeischen Import zu bewirken haben. Die Emshäfen als unbedeutend kommen nicht in Betracht; die Häfen Hull und Grimsby exportiren viele Kohlen und englische Industrie-Erzeugnisse nach der Ostsee.

Wenn man ferner die für Finnland 39—24 137, Rußland 71—65 830, Mittelschweden 61—43025 und Nordschweden 29—17 133 summirten Zahlen in Betracht zieht, mit zusammen 200 Schiffen und 150 125 Reg.-Tons, so machen diese wiederum einen bedeutenden Theil des gesammten 300—228 601 Schiffsverkehr aus. Daraus geht hervor, daß der überseeische Import in den nichtdeutschen Ostseehäfen gerade in denjenigen derselben am stärksten ist, welche ihrer Lage nach dazu geeignet sind, deutsche Ostseehäfen diesen Import nach ihnen hin übernehmen zu lassen, sobald ihnen ein eigener überseeischer Import durch den Nord-Ostsee-Kanal ermöglicht sein wird. Hierbei ist jener Verkehr (Dänemark und Südschweden), welcher von dem von Natur durch eine günstige Lage bevorzugten Copenhagen vielleicht vorwiegend bewältigt werden wird, nicht in Betracht gezogen.

b. **Muthmaßliche Fahrt um Skagen.**

Die Gesammtmenge des aus diesen Häfen für die nichtdeutschen Ostseehäfen kommenden Verkehrs ist an und für sich schon wesentlich geringer (210 Schiffe mit 168 714 Reg.-Tons) als die Menge des durch den Nord-Ostsee-Kanal gehenden Imports (300 Schiffe mit 228 601 Reg.-Tons); aber es kommt außerdem noch hinzu, daß die exportirenden Häfen fast ausschließlich Kohlenhäfen sind. Von diesem Verkehr können die Ostseehäfen unmittelbar nichts an sich ziehen; denn vom Gewinnungsorte der Kohle in Großbritannien wird sie stets am einfachsten durch die direkten Schiffe nach der

Eingehender Schiffsverkehr
von den Nordseehäfen, dem englischen Kanal und weiter in den nichtdeutschen Ostseehäfen.

		Finland	Rußland	Dänemark bis nach Copenhagen und Nordcosta	Südschweden bis Malmöe einwärts	Mittelschweden Gothenburg bis Stockholm	Norwegen Göthe u. nordlicher	Zusammen	Total
Nordwestliche Fahrt durch den Nord-Ostsee-Kanal	Elbehäfen Dampfer	1 / 251	5 / 4501	8 / 1866	—	11 / 5291	1 / 686	32 / 18908	38 / 18342
	Segler			3 / 156	—	3 / 178	— / —	6 / 334	
	Weserhäfen Dampfer			1 / 129	—	2 / 1384	1 / 1517	4 / 3030	13 / 4156
	Segler	1 / 126	1 / 298	3 / 172	2 / 283	1 / 116	1 / 101	9 / 1096	
	Emshäfen Dampfer	—	—	—	1 / 310	—	—	1 / 310	2 / 487
	Segler						1 / 177	1 / 177	
	Amsterdam Dampfer		2 / 1513	4 / 3131	2 / 1520	1 / 1127	—	9 / 7594	17 / 9548
	Segler	1 / 156	4 / 1172	1 / 122	—	—	2 / 204	8 / 1954	
	Rotterdam Dampfer	1 / 126	1 / 577	—	—	—	—	2 / 1872	6 / 3148
	Segler			3 / 1070	1 / 196	—	—	4 / 1266	
	Belgien Dampfer	2 / 1642	5 / 5028	6 / 5000	2 / 1862	5 / 3869	2 / 1192	22 / 19263	22 / 19263
	Segler	—	—	—	—	—	—	—	
	Engl. Kanal und weiter Dampfer		10 / 9898	15 / 27768	3 / 3321	10 / 11980	2 / 2187	40 / 54576	79 / 66717
	Segler	10 / 4130	11 / 2059	6 / 1086	3 / 1084	2 / 604	7 / 2072	39 / 12041	
	London Dampfer	1 / 350	5 / 6007	5 / 4192	2 / 1400	4 / 3557	—	17 / 15603	20 / 20070
	Segler	4 / 2188	1 / 382	7 / 2192	—	—	1 / 251	13 / 5013	
	Hull Dampfer	11 / 10444	17 / 26336	9 / 6735	4 / 4443	11 / 10021	2 / 2119	55 / 58998	58 / 65571
	Segler	2 / 489	2 / 801	2 / 330	2 / 700	2 / 863	2 / 328	13 / 3511	
	Grimsby Dampfer	1 / 568	4 / 4612	2 / 1764	4 / 4112	4 / 4263	5 / 5225	20 / 20634	25 / 22480
	Segler	1 / 479	—	—	—	2 / 649	2 / 764	5 / 1886	
	Zusammen Dampfer	20 / 16290	49 / 59045	50 / 55029	19 / 17100	51 / 40621	13 / 12896	202 / 200961	360 / 229601
	Segler	19 / 7877	22 / 6815	23 / 4974	8 / 2073	10 / 2104	16 / 1197	98 / 27640	
Nordwestliche Fahrt um Skagen	Newcastle Dampfer	—	11 / 17194	21 / 19793	6 / 6797	15 / 15642	—	56 / 69625	74 / 67430
	Segler	2 / 913	—	3 / 458	3 / 688	5 / 1691	5 / 1652	18 / 1825	
	Westhartlepool Dampfer	—	3 / 3109	—	—	3 / 2518	5 / 3744	11 / 9701	22 / 12252
	Segler	1 / 248	—	2 / 402	4 / 710	2 / 439	2 / 761	11 / 2551	
	Ostschottland Dampfer	—	35 / 28840	32 / 24755	1 / 783	12 / 12387	—	80 / 81536	113 / 88705
	Segler	1 / 544	13 / 2614	16 / 2718	—	2 / 802	1 / 524	— / 6992	
	Westschottland Dampfer	1 / 307	—	—	—	—	—	1 / 307	1 / 307
	Segler	—	—	—	—	—	—	—	
	Zusammen Dampfer	3 / 3849	52 / 64441	53 / 44548	7 / 7580	28 / 30577	5 / 3744	148 / 154399	210 / 168744
	Segler	4 / 1715	13 / 2614	21 / 3578	7 / 1404	9 / 2935	8 / 2931	62 / 14345	
Total	Dampfer	23 / 19720	101 / 123456	103 / 99577	26 / 24680	79 / 71198	18 / 16640	350 / 355360	510 / 397315
	Segler	23 / 9592	35 / 9429	44 / 7552	15 / 3477	19 / 4439	24 / 7166	160 / 41955	
Dampfer und Segler zusammen		46 / 28061	136 / 132885	147 / 107129	41 / 28157	98 / 75637	42 / 23846	510 / 397315	

Ostsee gebracht; aber in Zukunft werden sich auch diese Importzahlen noch zu Gunsten der deutschen Seeschifffahrt ändern, sobald der Nord-Ostsee-Kanal und der Dortmund-Ems-Kanal fertiggestellt sein werden. Wie schon an einer früheren Stelle ausgeführt, wird dann die deutsche Kohle, ebenso wie die Eisenproduktion der westlichen Gebiete auf billigem Wasserwege an die See nach den deutschen Emshäfen gelangen können, um von dort im Wege einer ausgiebig sich erweiternden Nord-Ostsee-Küstenschifffahrt nicht nur nach deutschen, sondern auch nach den nichtdeutschen Ostseeländern verfrachtet zu werden. Es kommt also hier jener Ostseeimport in Betracht, der bisher naturgemäß von den nördlichen Häfen Englands bezw. Schottlands besorgt wird, aber in Zukunft durch eine neu erstehende deutsche Küstenschifffahrt von den bisher schwächsten Emshäfen aus einige Beeinträchtigung erfahren wird.

Das Bild des Verkehrs, welches sich somit aus den vorstehenden Zahlen ergiebt, weist darauf hin, daß sich für die deutschen Ostseehäfen bei aufmerksamer Beachtung und Benutzung der Importverhältnisse zwischen Nord- und Ostsee sehr wohl Gelegenheit bieten wird, aus denselben einen eigenen Antheil abzuleiten, und den bestehenden Schifffahrtsverbindungen der Ostseehäfen neue nutzenbringende Frachtgelegenheit zuzuführen.

Was nun die im Sommer v. J. ermittelten **regelmäßigen Dampfschiffslinien der deutschen Nord- und Ostsee**häfen und deren Expeditionen im Monat anbetrifft, die also berufen sind, in der vorstehend bezeichneten Weise an dem fremden Importe in den nichtdeutschen Ostseegebieten Theil zu nehmen, so giebt über deren Ausdehnung und Fahrten die anliegende Tabelle Auskunft. Dieselbe läßt folgende Bewegungserscheinungen hervortreten.

Nordsee. Hamburg unterhält eine über die gesammten Häfen der Ostsee, Nordsee und nach transatlantischen Häfen sich erstreckende, so ausgedehnte und vielverzweigte Fahrt wie kein anderer Platz an der Nord- und Ostsee. Das Schwergewicht liegt im überseeischen Verkehr, jedoch ist auch der gesammte interne Nord-Ostseeverkehr von Hamburg durchweg kultivirt, nur Kiel, Lübeck fehlen zur Zeit gänzlich, da eben der Nord-Ostsee-Kanal noch nicht fertiggestellt ist.

Bremen hat nächst Hamburg den bestausgebildeten Verkehr; in demselben sind Mittel- und Nordschweden, sowie die irischen und schottischen Häfen schwach.

Der Verkehr der Emshäfen ist verschwindend gering.

Ostsee. Flensburg und Kiel unterhalten überwiegend einen Verkehr nach der deutschen Ostsee.

Lübeck besitzt einen lebhaften Verkehr mit allen Ostseeländern.

Stettin läßt fast die sämmtlichen Ostseehäfen befahren, ebenso die westlichen (engl. Kanal) und südlichen Nordseehäfen; außerdem ist eine regelmäßige transatlantische, sowie einige Fahrt nach französischen und spanischen Häfen vorhanden.

Danzig weist nur Fahrten in der westlichen Ostsee und der süd- und westlichen Nordsee nebst einigen westenglischen Häfen auf; transatlantischer Verkehr fehlt.

Königsberg zeigt dasselbe Bild.

Memel hat nur Verbindung mit Stettin, Lübeck, Kiel und Hamburg.

Aus diesen Angaben geht hervor, daß die deutschen Ostseehäfen zur Zeit in ihren Verbindungen nach jenen nichtdeutschen Ostseehäfen, die ihren Import, wie eben dargelegt, aus den Nordseehäfen empfangen, noch schwach sind, und zwar ganz naturgemäß infolge des Mangels einer kurzen, direkten Nordseeverbindung. Sobald durch den Nord-Ostsee-Kanal eine solche erst hergestellt sein wird, ist die erste Vorbedingung zur Beseitigung dieses Mangels vorhanden.

Wie gering thatsächlich gegenwärtig noch der Verkehr der Ostsee mit deutschen Nordseehäfen ist, geht aus der folgenden Zusammenstellung hervor.

Verkehr pro Oktober 1891

	mit sämmtlichen Häfen der Nordsee, des Kanals und weiter Tons	davon mit deutschen Nordseehäfen	
		Tons	Prozentsatz
Finnland	113 657	6 986	6,1466 %
Rußland	372 897	14 515	3,8925 %
Schweden	452 260	18 706	4,1361 %
Dänemark	166 149	9 545	5,7472 %
Preußen und Pommern	389 086	25 518	6,5585 %
Mecklenburg	13 428	—	
Lübeck	10 785	—	
Schleswig-Holstein	39 447	4 348	11,0224 %
	1 557 709	79 622	5,1115 %

Diese Zusammenstellung giebt, per Oktober 1891, den Verkehr der einzelnen fremden und deutschen Ostseegebiete mit sämmtlichen Häfen der Nordsee, des Kanals und weiter an, und daneben in der dritten und vierten Spalte den Antheil, der hiervon auf den Verkehr mit deutschen Nordseehäfen entfällt. Letzterer bewegt sich zwischen 3,9 und 11 %, ist im Mittel nur 5,1115 %, also sehr niedrig. Es ist einleuchtend, daß derselbe einer wesentlichen Steigerung fähig ist und auch theilhaftig wird, sobald der Nord-Ostsee-Kanal eröffnet sein wird.

Wie mehrfach nachgewiesen, sind die deutschen Häfen an der Ost- und Nordsee bisher mit nur geringen Quantitäten an dem gesammten Nord-Ostsee-Verkehr betheiligt. Es hat dies zum großen Theil, wenigstens unbestritten für alle westlichen Häfen der Ostsee, wie die östlichen der Nordsee, seinen Grund darin, daß diese der zukünftigen Kanalfahrt am nächsten liegenden Häfen jetzt am allerweitesten von einander entfernt sind. Im Hinblick auf den gegenwärtigen geringen Verkehrsantheil ist schon oben die Annahme ausgeführt, daß derselbe nach Eröffnung des Nord-Ostsee-Kanals der Steigerung, namentlich durch direkte Bezüge, fähig sein wird.

Daß direkte Bezüge sehr wohl erreichbar sind, lehren die Zahlen des Imports, der von den Häfen Großbritanniens, Hollands, Belgiens, des Kanals und von den entfernteren Häfen aus nach den deutschen Häfen in der Ostsee transportirt wird. Im Monat Oktober 1891 betrug derselbe 252 639 Reg.-Tons, gegenüber dem Verkehr jener Häfen mit dem übrigen Küstengebiet der Ostsee von 374 326 Reg.-Tons. Von diesem Verkehr betrifft ein gewisser und wahrscheinlich nicht unbedeutender Prozentsatz industrielle Fabrikate, die in konkurrirender Weise von der deutschen Industrie sehr wohl hergestellt werden können, und zwar zum Theil in den Ostseehäfen selbst, von wo aus die Verschiffung bei thätigem Vorgehen der Ostseehäfen jedenfalls dem deutschen Seehandel zufallen würde.

Eine industrielle wie eine Handels-Thätigkeit in dem hier angedeuteten Sinne, kann natürlich nicht mit einem Male fertig geschaffen und in Wirksamkeit gesetzt werden, und um sie zu nennenswerthem oder bedeutendem Umfange zu bringen, ist Zeit erforderlich. Wenn aber allgemein und möglichst vereint Anstrengungen der betheiligten Häfen nach dieser Richtung gemacht werden, dann wird sich bei den durch den Nord-Ostsee-Kanal in günstigem Sinne geänderten Verhältnissen in einer verhältnißmäßig kurzen Zeit in den Ostseehäfen ein Wirthschaftszweig groß ziehen lassen, der allen Betheiligten, zu denen namentlich auch die arbeitenden Klassen gehören, zum Vortheil gereichen wird.

2. Einrichtung von Freihäfen (Freibezirken).

Für jeden mit den Verhältnissen und den Lebensbedingungen von Großhandel und Seeverkehr Vertrauten unterliegt es keinem Zweifel, daß Erleichterungen in der Zollbehandlung, wie sie in den Freihäfen von Hamburg, Bremen (Freibezirk) und Copenhagen dem Handel geboten werden, für das Emporkommen und Gedeihen eines auch nur einigermaßen bedeutenden Waarenverkehrs geradezu eine Nothwendigkeit sind. Die Zollkontrolle, die namentlich beim Vorhandensein solcher Tarife (wie z. B. in Deutschland) eine minutiöse bis ins Einzelne gehende ist, wirkt auf einen großen, auf raschester Expedirung angewiesenen Waaren- und Schifffahrtsverkehr lähmend und erdrückend. Niemals kann der behördliche, an eine bestimmte, feste Dienstordnung gebundene Kontrollapparat jene Leichtigkeit der Behandlung der Waaren im Seeverkehr gewähren, welche für denselben unerläßlich ist. Selbst die größte Bereitwilligkeit der betheiligten Dienststellen und Beamten kann die Vortheile eines völlig ungebundenen, freien Verkehrs nicht ersetzen. Ein Waarenumsatz in großem Style, ein lebhafter rascher Umschlag zwischen Schiffen oder Schiff und Land ist nur denkbar bei allerfreiester Bewegung im Hafengebiet und bei Vermeidung aller nur irgend zu entgehenden Kosten und Zeitverluste.

In kaufmännischen Kreisen ist man von jeher für die Gewährung von Freihäfen im Interesse des Handels eingetreten; z. B. hat das Vorsteheramt der Königsberger Kaufmannschaft in seinem Jahresbericht (für 1891) in Bezug auf das Streben nach Errichtung von Freihäfen in der Ostsee Folgendes ausgeführt:

„Dieser Unterschied in der Zollbehandlung in den deutschen „Freihäfen und den deutschen Zollhäfen ist nur ein einzelner „und nicht einmal der hauptsächlichste der sehr zahlreichen „Nachtheile, in welchen diese sich gegen jene befinden. Selbst „die Gewährung aller bei der Lagerung und Abfertigung im „Zollgebiete gesetzlich zulässigen und überhaupt möglichen „Erleichterungen kann die Vortheile nicht ersetzen, die der „völlig freie Verkehr in Freihäfen und Freibezirken dem

„Waarengeschäft und dem Seeverkehr bietet; dieser völlig
„freie Verkehr hat eine bedeutend schnellere Abfertigung
„der Schiffe, eine erhebliche Ersparniß von Unkosten und
„beschwerlichen Formalitäten, eine billigere Lagerung und
„erleichterte Heranziehung von Waaren zur Folge, und
„ohne ihn können gewisse Handels- und Industriezweige
„garnicht bestehen. Mit der Zeit müssen diese Nachtheile,
„die den Zollhäfen anhaften, immer fühlbarer werden und
„immer dringlicher wird deshalb die Aufgabe der deutschen
„Handelspolitik, einen Ausgleich zu schaffen.

„Dieser kann selbstredend nur darin bestehen, daß auch in
„den übrigen wichtigsten deutschen Seehäfen, namentlich an
„der Ostsee, Freihäfen oder doch wenigstens, wie in Bremen,
„Freibezirke errichtet werden. Diese Maßregel ist um so noth-
„wendiger, als die skandinavischen Staaten ähnliche Ein-
„richtungen zu treffen bereits im Begriffe sind, und als
„die bevorstehende Vollendung des Nord-Ostsee-Kanals die
„Lage der Ostseehäfen gegenüber Hamburg und Bremen
„vielleicht noch mehr verschlechtern wird. Wir finden es
„daher vollauf berechtigt, daß Stettin die Errichtung eines
„Freihafens oder wenigstens eines Freibezirks für sich
„beantragt hat, um mit Hülfe dieser Einrichtung gleich
„Hamburg sich besser und gedeihlicher als bisher entwickeln
„zu können. Allerdings würde die Gewährung dieser
„Vergünstigung nur für Stettin allein, die großen preußischen
„Ostseehäfen, namentlich Königsberg, noch weiter in Nach-
„theil versetzen; die königliche Staatsregierung wird daher
„der Aufgabe sich nicht entziehen können, allen großen
„Seehäfen der Monarchie gleiche Einrichtungen zu schaffen.
„Sie wird aber auch nicht umhin können, da, wo es
„erforderlich ist, zu diesem Zweck angemessene Summen
„aus Staatsmitteln bereit zu stellen. Namentlich trifft
„dies auf unseren Platz zu. Die Anwendung von
„Staatsmitteln dürfte sich auch aus dem Gesichtspunkte
„rechtfertigen lassen, daß der Reichsbeitrag für die Er-
„richtung des Hamburger Freihafens und des Bremer
„Freibezirks zugleich eine sehr wesentliche finanzielle Bei-
„hülfe der preußischen Steuerzahler zur Förderung beider
„außerpreußischen Häfen darstellt, und daß deshalb eine

„entsprechende Leistung auch für die preußischen Häfen der „ausgleichenden Gerechtigkeit entspricht."

Den vorstehenden Ausführungen kann man nur in vollem Maße beipflichten. Andere Ostseehäfen stehen auf demselben Standpunkte und suchen, wie beispielsweise Stettin, bei Gelegenheit der Einrichtung und Verbesserung ihrer Hafenanlagen die Einrichtung von Freibezirken zu erlangen. Ueberhaupt werden überall, sowohl in Königsberg bezw. Pillau, als auch in Danzig, in Stettin, in Lübeck und Kiel Anstrengungen zur Verbesserung der Hafen- und Schifffahrtseinrichtungen gemacht, deren Vollendung in wirthschaftlicher Hinsicht in der Gewährung von Freihafenbezirken erblickt werden muß. Denn für alle Seehäfen bleibt ein erstes Erforderniß die möglichste Leistungsfähigkeit der gesammten Hafeneinrichtungen in nautischer Hinsicht sowohl als auch in Bezug auf die Freiheit der kaufmännischen Bewegung von jedem Zwang einer Zollkontrolle. Das Streben nach Freihäfen ist daher auf das Nachdrücklichste zu unterstützen, zumal staatlicherseits die Einrichtung von Freihafenbezirken sehr wohl zugesagt werden kann.

3. Ein Umschlagsplatz am Nord=Ostsee=Kanal.

Den Haupthäfen an der Ostsee wird es in Zukunft möglich sein, ebenso wie Stettin zum Theil schon jetzt, alsdann durch Benutzung des Nord-Ostsee-Kanals neue weitreichendere Beziehungen als bisher, auch überseeisch anzuknüpfen, und sich mit ihrem Handelsverkehr in einem weiteren Rahmen zu bewegen, da der Kanal ihnen einen veränderten und durch die Reiseabkürzung erleichterten Verkehr bietet. Namentlich wird dies der Fall sein, wenn die Ostseehäfen sich auf eine dem Handel einen Impuls gebende eigene Industrie stützen, die, ihrerseits durch die erwarteten Handelsbeziehungen mit veranlaßt, dem Handel selbst wieder Stütze ist.

Für die Dauer der Entwickelungsperiode, aber auch für alle fernere Zeit, kommt hierbei sowohl die Industrie wie auch für die erweiterte Schifffahrt das Vorhandensein eines geeigneten Umschlagsplatzes am Nord-Ostsee-Kanal, und zwar ganz naturgemäß an der Ostseemündung desselben bei Kiel, wesentlich in Betracht. Die Billigkeit des Transportes und die Leichtigkeit des Waarenbezuges, wie des Waarenabsatzes sind in unserer intensiv wirthschaftenden Zeit Vorbedingungen einer jeden wirthschaftlichen Entwickelung, jeder gewerblichen und industriellen Thätigkeit. Eine Verbesserung nach dieser Richtung schafft aber unbezweifelt der Nord-Ostsee-Kanal, durch welchen für die deutschen Häfen in ungleich größerer Weise als für die ausländischen die bisherige Situation verändert wird. Dies wird erwiesen durch das Verhältniß des Verkehrsquantums 30 %, um Skagen zu demjenigen mit 70 % durch den Nord-Ostsee-Kanal. In gewissem Grade bieten diese bevorstehenden Veränderungen ihnen etwas ganz Neues, namentlich hinsichtlich des direkten überseeischen Verkehrs, den der Kanal unmittelbar darbietet (ähnlich dem Stettiner überseeischen Verkehr) und den er durch geeignete Nebenanlagen, einen Umschlagsplatz, vermittelt.

Derjenige Hafenplatz, welcher mit den entsprechenden Umschlagseinrichtungen versehen, sich in der Nähe der Verkehrsroute befindet, wird ganz naturgemäß ein Knotenpunkt des Verkehrs werden; die Lage allein an jener Route genügt hierzu nicht. So habe ich schon 1872 im Vereinstage des Deutschen Nautischen Vereins darauf aufmerksam gemacht, daß für den Verkehr mit der Ostsee durch den Sund nicht Helsingör, sondern Copenhagen mit seiner großen geschäftsthätigen Bevölkerung der Knotenpunkt ist. Mit diesem müsse durch entsprechende Umschlagseinrichtungen an der Ostmündung des Kanals, bei Kiel, die Konkurrenz aufgenommen werden. Der Lage nach sei Kiel auch am ehesten geeignet, einen großen Verkehr für den Kanal heranzuziehen, auch sei Kiel vermöge seiner unmittelbaren Anlehnung an den Nord-Ostsee-Kanal besonders befähigt, den bisherigen Knotenpunkt der Nord-Ostsee-Schifffahrt, Copenhagen, in ausgiebigem Maße zu ersetzen.

Für alle diejenigen Seehäfen, welche auf Grund ihres eigenen Export- und Importbedürfnisses noch nicht genügend ausgedehnte selbständige überseeische Linien zu unterhalten vermögen, ist es von größter Wichtigkeit, an einer ihnen etwa benachbarten Ueberseelinie einen Zwischen-Hafen zu besitzen, der den Waarenumschlag sowohl zwischen Schiffen wie zwischen Land und Schiff, ermöglicht. Zu Seehäfen der vorgedachten Art sind aber zur Zeit unsere deutschen Ostseehäfen nicht zu rechnen. Dies ist wohl unbestritten; die Thatsache wird ja auch indirekt durch die einigermaßen verbreitete Auffassung zugegeben, daß die Ostseehäfen sich zu überseeischen Beziehungen nicht eigneten, bezw. mit den günstiger gelegenen Nordseehäfen nicht konkurriren konnten. Es sei hier gleich bemerkt, daß diese Auffassung hiermit keineswegs als zutreffend anerkannt, sondern nur als vorhanden erwähnt werden soll, sie wird sich in

Zukunft als unrichtig erweisen müssen. In dem vorhandenen Verkehr findet diese Auffassung zwar anscheinend eine Bestätigung; aber der vorhandene Verkehr, dessen Bewältigung von jeher mit der Ungunst der Lage der Ostseehäfen und dem Fehlen einer direkten Nordseeverbindung zu kämpfen hatte, ist nicht maßgebend für die Beurtheilung der Verhältnisse der Zukunft; denn in Zukunft wird diese Ungunst der Lage durch die Herstellung eines der direktesten und technisch vorzüglichsten Seekanäle der Welt mit einem Schlage geändert.

Nothwendigkeit von Umschlagsplätzen an überseeischen Schiffsrouten.

Ueberseeischer Verkehr, wie er dann möglich sein wird, muß sich jedoch in gegenwärtiger Zeit großer Schiffe bedienen. Einerseits verlangen dies die nautischen Verhältnisse, da nur große Dampfer und ebenfalls große Segler, in deren Bau man bereits zu Vier- und Fünfmastern übergegangen ist, sich für die Schwierigkeiten der Oceanfahrt eignen und andererseits die Konkurrenz in Bezug auf die Frachtraten auch nur durch große Schiffe mit Erfolg durchgefochten werden kann. Alle Kosten der Fahrt, sowohl für Schiff, Maschine, Mannschaftszage, Assecuranz u. s. w. sind bei großen Schiffen verhältnißmäßig niedriger als bei kleinen.

Nun ist es selbst für große, eine bedeutende Ein- und Ausfuhr aufweisende Seehäfen nicht immer möglich, die großen Schiffe stets schon im ersten Abgangshafen voll zu beladen. Die Schiffe gehen in vielen Fällen mit mehr oder weniger vollständiger Ladung aus, und suchen dieselben in Anlaufshäfen, die an ihrer Route liegen, zu vervollständigen, oder die Ladungen der Schiffe sollen in mehreren anzulaufenden Häfen abgeliefert werden. Erst hierdurch werden die Fahrten für die Unternehmer rentabel, bezw. überhaupt erst möglich. Aehnlich gestaltet es sich vielfach bei der Rückfahrt. Es liegt nun auf der Hand, daß diese Art des Betriebes sich dann am wenigsten zeitraubend und kostspielig gestaltet, wenn die Anlaufshäfen unmittelbar an der Hauptroute liegen. Eine solche Situation wird aber für die Nord-Ostseeschifffahrt geschaffen, wenn der Nord-Ostsee-Kanal fertig gestellt ist. So unmittelbar, wie an der Ostmündung dieses Kanals, den in ganz überwiegendem Maße die Nord-Ostsee-Schifffahrt benutzen wird, ist an keinem anderen Schifffahrtswege ein Anlaufshafen, der als Umschlagsplatz in dem oben erwähnten Sinne zu dienen vermag, einzurichten. Selbst die vortheilhafte Lage des ziemlich unmittelbar an der natürlichen Verbindungsstraße zwischen Nord- und Ostsee liegenden Platzes Copenhagen kann mit der Lage eines auf dem Continent am Nord-Ostsee-Kanal belegenen Umschlagsplatzes nicht gleichbedeutend angesehen werden; denn von Copenhagen aus fand nur eine Seeschifffahrt auf einem Umwege (Skagen) nach der Nordsee statt, während dieser Umweg durch den Nord-Ostsee-Kanal beseitigt wird.

Der Nutzen, welchen zu Umschlagsplätzen geeignete Anlaufhäfen der großen Seeschifffahrt gewähren, und damit indirekt auch den Ausgangs- und Bestimmungshäfen, sowie dem Hinterland derselben bereiten, ist volkswirthschaftlich so bekannt und feststehend, daß hierüber weitere Auseinandersetzungen überflüssig erscheinen. Die Thatsache, daß eine bedeutende Anzahl Schiffe in großer Fahrt solche Umschlagsplätze aufsuchen, mögen dies die von den Nordseehäfen oder Copenhagen ausgehenden transatlantischen oder sonstigen überseeischen Dampfer sein, welche niederländische, englische und französische Häfen anlaufen, oder mag es bei anderen Fahrten, z. B. der Reise durch den Suezkanal mit den Zweiglinien im Mittelmeer zu konstatiren sein, sie spricht eine überzeugende Sprache für die Möglichkeit sowie die Nothwendigkeit solcher Umschlagsplätze. Hiernach für die Verhältnisse der Nord-Ostsee-Schifffahrt nach Herstellung des Nord-Ostsee-Kanals rechtzeitig die entsprechenden Lehren und Schlußfolgerungen zu ziehen, ist Aufgabe der deutschen Seehäfen nicht nur, sondern aller derjenigen, eventuell auch staatlichen Kreise, welchen eine Hebung und Förderung so weitreichender wirthschaftlicher Interessen obliegt.

Es entsteht für die Seehäfen die Frage, an welchem Punkte ein den Nord-Ostsee-Kanal zu ausgedehnter überseeischer Schifffahrt für sie nutzbar machender Umschlagshafen anzulegen sei, und die Beantwortung dieser Frage ist durch die Situation selbst so deutlich gegeben, daß kein Zweifel obwalten kann. Für die gesammte zur Nordsee führende Ostseeschifffahrt (und vice versa) kommt der Schnittpunkt bei Moen in Betracht. Von hier aus führt die Fahrt für alle Ostseehäfen in ein und derselben Route auf die Kieler Bucht zu, und bei Kiel in den Nord-Ostsee-Kanal. Nach Durchfahrung desselben geht die überseeische Schifffahrt von der Mündung des Kanals bei Brunsbüttel aus, welche 75 Kilometer unterhalb Hamburg und 30 Kilometer oberhalb Cuxhavens liegt, elbabwärts zur Nordsee hin, um sich in der Helgolander Bucht nach Maßgabe der Bestimmungshäfen zu verzweigen. Alle zwischen Nord- und Ostsee in Fahrt befindlichen, den Nord-Ostsee-Kanal benutzenden Schiffe passiren also das sich bis zum Kanal erstreckende Kiel, einen

Platz, der nur selten durch Eis behindert ist und weil frei von den Gezeiten des Meeres, auch insbesondere frei von Flußströmungen, sich zur Benutzung als Hafenort für die Schifffahrt wesentlich günstiger darbietet als irgend ein noch so bedeutender Handelsplatz in der sonstigen Nähe beider Kanalmündungen. Nicht eine Seemeile Umweg haben die hier den Nord-Ostsee-Kanal passirenden Schiffe zu machen, kein nautisches Hinderniß irgend einer Art tritt ihnen hier jemals entgegen und sie finden Wasserverhältnisse vor, die geradezu ideale genannt werden können. Das Vorhandensein von modernen, allen Erfordernissen des Hafen- und Waarenverkehrs unserer Zeit entsprechenden Anlagen (Bahnverbindung, Kaibauten) hier an der Kanalmündung würde den Platz zu einem nautisch wie technisch vollkommenen zu machen vermögen, so daß die Kosten des Umschlags hier geringer als in anderen Hafenplätzen sein würden.

Hamburgs Lage zum Nord-Ostsee-Kanal.

Es erübrigt noch, einen kurzen Blick auf die Situation Hamburgs, dessen vortreffliche neue Hafenanlagen ihm unter allen Umständen eine vielseitige Entwickelung offen halten werden, zu werfen. Die Nord-Ostsee-Kanalfahrt wird in einer Entfernung von 75 Kilometern unterhalb Hamburgs in die Elbe geleitet und berührt Hamburg selbst also nicht. Um nach den Hamburger Hafenanlagen zu gelangen, wäre ein Umweg von im Ganzen 150 Kilometer stromauf- und stromabwärts erforderlich. Mit dieser Thatsache wird man rechnen müssen, wenn man den natürlichen Umschlagsplatz für den Nord-Ostsee-Kanal bestimmen will. Der Handel wird stets derjenigen Linie den Vorzug geben, welche am unmittelbarsten, d. h. mit möglichster Vermeidung von Umwegen zum Ziel führt. Selbst Hamburg also wird in der Erfüllung der vornehmsten Bedingung für den natürlichen Umschlagsplatz hinter Kiel zurückstehen müssen.

Von entfernteren Gegenden erfolgte der Hauptimport bisher in den Nordseehäfen, und von diesen aus der Verkehr nach der Ostsee; von Hamburg z. B. in bedeutendem Umfange per Bahn nach den nächsten Ostseehäfen und von dort weiter per Schiff nach den Bestimmungsorten.

Wie vorstehend (S. 22) nachgewiesen, gewöhnt man sich in den letzteren bereits mehr und mehr an den direkten Verkehr mit der Ostsee, der bis zur Eröffnung des neuen Kanalweges um Skagen geführt wird. In Zukunft werden sich die überall ausschlaggebenden Vortheile des direkteren Bezuges in verstärktem

Maße wirksam erweisen. Der direkte Waarentransport stellt die Waare billiger, weil er von allen jenen Spesen und Zeitverlüsten frei ist, die durch den indirekten Transport über nicht am Wege selbst liegende Zwischenhäfen mit umständlicher und kostspieliger Umladung entstehen.

Der Nord-Ostsee-Kanal ermöglicht es, die Zeit, Geld und höhere Assekuranzprämie erheischende Fahrt um Skagen zu ersparen; es werden also in Zukunft solche Waaren direkt und billiger nach der Ostsee verfrachtet werden können, die früher in Nordseehäfen oder Copenhagen behufs Weitertransports umgeladen werden mußten, oder die dort eintrafen, um an Ort und Stelle durch industrielle Verarbeitung ausgenutzt und vortheilhafter verwerthet zu werden. Wie bedeutend dieses letztere Quantum ist, darüber ist in II, 1. Abschnitt (Industrie) an der Hand der bisher erlangten Uebersicht über die Industrie in deutschen Seestädten einiger Anhalt gegeben. *Möglichkeit des direkten Waarenbezuges durch den Nord-Ostsee-Kanal.*

Man könnte einwenden, daß diese Art der Nutzbarmachung des Waarenbezuges sich nur für die dem Weltverkehr an und für sich näher liegenden Häfen eigne, nicht aber für die entfernteren Ostseeplätze. Aber dieser Ansicht ist man beispielsweise in dem rührigen, uns als Vorbild dienenden Copenhagen ganz augenscheinlich nicht; denn dort werden alle und zwar, wie auf Seite 35 ff. des Näheren angegeben, mit bedeutenden finanziellen Opfern verbundene Anstrengungen gemacht, um die Industrie sehr rasch weiter zu entwickeln. Copenhagen aber ist, wenn man von dort den Nord-Ostsee-Kanal zu benutzen gedenkt, von dessen Ostmündung weiter entfernt als Lübeck, etwa ebenso weit wie Stettin, nud nur wenigeer weit als Danzig und Königsberg. Dabei hat Copenhagen nur ein unbedeutendes Hinterland und ist nur vermöge einer weit verzweigten, dort sich vereinigenden Schifffahrt in der Lage, seine bisher dominirende Stellung einzunehmen.

Wenn man sagt, Hamburg werde durch den Nord-Ostsee-Kanal an die Ostsee gerückt, so kann man mit ebenso großem, wenn nicht größerem Rechte betonen, daß Kiel, Lübeck, Flensburg und andere naheliegende Ostseehäfen durch den Kanal an die Nordsee gerückt werden, da ihnen durch diesen ein unmittelbarer Weg nach der Nordsee ganz neu erschlossen wird. Ebenso ist für die mecklenburgischen Häfen, unter denen Rostock vermöge des im Ausbau begriffenen, bis Bützow bereits fertigen Rostock-Berlin-Kanals eine *Aenderung der Situation durch den Nord-Ostsee-Kanal zu Gunsten der Ostseehäfen.*

wesentliche Erweiterung seines Hinterlandes erfahren wird, die Verbesserung der Beziehungen zur Nordsee und dem auf ihr lebhaft pulsirenden überseeischen Verkehr von wesentlichem Vortheil.

Im Verhältniß zu Copenhagen erhalten besonders alle deutschen Ostseehäfen eine außerordentlich verbesserte Position; diese werden es daher als im eigenen Interesse liegend ansehen müssen, daß ein bequem gelegener und gut eingerichteter Umschlagsplatz an der Kanalmündung vorhanden ist. Namentlich fällt die günstige Verschiebung für dieselben in's Auge, wenn man den Seeweg um Skagen von Copenhagen aus betrachtet; denn die Entfernung Copenhagens auf dieser Route nach dem englischen Kanal, wohin sich der größte Verkehr richtet, stellt sich weiter als diejenige der westlichen Ostseehäfen, weiter als diejenige Stettins und nur näher als die Fahrt von Danzig oder Königsberg, sofern von den hier benannten Ostseehäfen der Nord-Ostsee-Kanal benutzt wird. Nicht nur Danzig und Königsberg, sondern auch sämmtliche westlich derselben belegenen Ostseehäfen, von Stettin bis Kiel, haben bisher eine weitere Reise zur Nordsee als Copenhagen; die Lage dieses letzteren Platzes zum Weltverkehr wird in Zukunft also bei weitem nicht mehr das bisherige Uebergewicht gegenüber der Lage der Mehrzahl der deutschen Seehäfen behalten. Hiebei fällt, wie nicht eindringlich genug betont werden kann, die Thatsache schwer in's Gewicht, daß der bei Weitem überwiegende Nord-Ostsee-Verkehr gerade auf die Fahrt auf jenen Routen entfällt, welche nach der südlichen Nordsee und durch den englischen Kanal und weiter gehen, also auf jene Linien, die durch den Nord-Ostsee-Kanal den überwiegenden Vortheil der Zeit und Reiseabkürzung haben werden. Das Beispiel des eine außerordentlich rührige Thätigkeit entfaltenden Copenhagen ist in gewissem Maße lehrreich für die deutschen Ostseehäfen. Copenhagen selbst hat, wie schon erwähnt, kein Hinterland; aber vermöge seiner Lage an der Durchgangsstraße zwischen Nord- und Ostsee hat es verstanden, sich durch eine vielfältige Verzweigung des Handels und eine großartige Rhederei zum Knotenpunkt der Ostseeschifffahrt zu machen und hieraus das wirthschaftliche Fundament zur Etablirung zahlreicher Verkehrslinien von Copenhagen, ja auch von Stettin anlaufend Copenhagen für Nord-Amerika zu gewinnen. Als Umschlagsplatz spielt es gegenwärtig daher eine bedeutende, auf die Vermittelung der kleineren Ostseeschifffahrt gestützte Rolle. Solange der Sund die Hauptpassage zwischen Nord- und Ostsee bot und zwar fast völlig konkurrenzlos — denn der Eider-Kanal fällt hierbei nicht in's Gewicht — war die Copenhagener Position eine sehr bevorzugte; dies ändert sich aber mit einem Male durch die Eröffnung des Nord-Ostsee-Kanals, der dann an seiner Ostmündung bei Kiel den übrigen deutschen Seehäfen einen in jeder Beziehung günstigeren Umschlagsplatz bieten kann, als irgend ein anderer Ostseehafen. Von keinem einzigen, auch nicht von Copenhagen aus, ist der Weg zu dem verkehrreichsten Theile der Nordsee ein so unmittelbarer und kurzer, wie von Kiel aus. Bei Benutzung desselben können sich die deutschen Ostseehäfen mit ihrem reichen durch Bahn- und Schiffahrtslinien ausgerüsteten Hinterlande dann zweifellos eine günstigere Position als bisher im Seehandel schaffen.

Die Etablirung eines Umschlagplatzes am Nord-Ostsee-Kanal wird es ermöglichen, von den Ostseehäfen aus in den Wettbewerb einer direkten überseeischen Schifffahrt einzutreten, was bis zur Zeit den andern Häfen überlassen bleiben mußte. *Deutscher und ausländischer Verkehr durch den Nord-Ostsee-Kanal.*

Genaue Zahlen über den Nord-Ostsee-Verkehr der hier in Rede stehenden Häfen liegen für ein ganzes Jahr nicht vor. Man bekommt jedoch einigen Anhalt über dies Verhältniß, wenn man die in der Broschüre: „Kiel und der Nord-Ostsee-Kanal" enthaltenen Zahlen über den monatlich regelmäßigen Dampfschiffsverkehr zwischen Nord- und Ostsee im Jahre 1890 in Betracht zieht. Nach einer der genannten Denkschrift angehängten Tabelle beziffert sich derselbe für die 4 deutschen Ostseehäfen Stettin, Danzig, Königsberg und Memel wie folgt:

	Nord-Ostsee-Verkehr,	davon in Zukunft durch den Nord-Ostsee-Kanal
Stettin	39 200 Reg.-Tons	36 000 Reg.-Tons
Danzig	22 500 „ „	18 000 „ „
Königsberg	18 700 „ „	16 300 „ „
Memel	600 „ „	600 „ „
Total	81 000 „ „	davon 70 900 „ „

durch den Kanal.

Man sieht, es ist dies ein ganz außerordentliches Uebergewicht zu Gunsten des Kanals, das zwar durch den hinzutretenden unregelmäßigen Verkehr eine Abschwächung erfährt, aber doch immerhin ein so bedeutendes bleibt, daß man 70,044 % von dem Gesammtverkehr zwischen Nord- und Ostsee auf die Kanalfahrt rechnen kann. Dieses Uebergewicht spricht zu Gunsten desjenigen

Umschlagsplatzes, der sich dereinst an der unmittelbarsten Verbindung zwischen Nord- und Ostsee, also am Nord-Ostsee-Kanal selbst befinden wird.

Während diese Zahlen einen Maßstab für das Interesse geben, welches die Schifffahrt aus und nach den deutschen Ostseehäfen an einem solchen Umschlagsplatze hat, ist weiter in Erwägung zu ziehen, daß hier auch noch ein bedeutendes Quantum fremder Schifffahrt nach den Zielpunkten in der Nordsee hinzutritt. Werden dieser durch den Umschlagsplatz ebenfalls die in wirthschaftlicher Hinsicht sich ergebenden Vortheile erreichbar gemacht, so wird sie sich in stärkerem Maße des Kanals bedienen, als es sonst der Fall sein würde. Dieser Verkehr wird dann eine vermehrte Belebung des deutschen Kanals herbeiführen, und der deutschen Ostseeschifffahrt eine Betheiligung an dem Umschlagsbedürfnisse ermöglichen. Von dem totalen Nord-Ostsee-Verkehr des Auslandes von 224 400 Reg.-Tons in regelmäßiger monatlicher Fahrt entfielen 1890 (nach obiger Quelle) aber nicht weniger wie 186 900 Reg.-Tons, d. i. ca. 84 % auf den zukünftigen Kanalverkehr.

Binnenländisches Interesse an einem Umschlagsplatz. Wenn nun die Gesammtheit der Interessen der deutschen Ostseehäfen die Herstellung eines Umschlagsplatzes an der Ostmündung des Kanals rechtfertigt, so treten außerdem noch recht erhebliche Interessen der westlichen deutschen, binnenländischen wie Küsten-Gebiete hinzu. Die Industrie und Kohlengebiete Westdeutschlands rechnen, das zeigen sowohl die mit großen Kosten unternommenen bezw. projektirten Bauten des Mittellandkanals und des Dortmund-Ems-Kanals, wie auch die Bauten am Rheinstrom, die die Grundlage zur Neuschaffung einer Rhein-Seeschifffahrt geworden sind, auf einen unmittelbaren Verkehr und einen größeren Absatz nach der deutschen Ostsee, als dies bisher möglich war. Kiel wird hierbei gleichsam ein Vorort für die Nordseehäfen werden; denn für die Seeschifffahrt der westlichen Küsten ist die Ostsee nur durch den Nord-Ostsee-Kanal mit Vortheil zu erreichen und von der Ostmündung desselben aus wird dann die Vertheilung der Fahrten nach den Bestimmungshäfen erfolgen müssen. Hier ist also das Entstehen eines natürlichen Knotenpunktes an der Ostmündung des Nord-Ostsee-Kanals durch die Verhältnisse, soweit die Schifffahrt von Westen, aus der Nordsee, in Betracht kommt, ohne Widerspruch gegeben, wodurch die bereits früher in Betreff der Ostseeschifffahrt angeführten Gründe noch verstärkt werden. Daß man in den westlichen Gebieten selbst tief im Binnenlande sich auf eine lebhaftere Entwickelung der Fahrt nach der Ostsee bereits praktisch vorbereitet, kann als bekannt vorausgesetzt werden. In Köln a. Rhein domiziliren Seeschifffahrtsgesellschaften, die bereits direkten Seeverkehr von ihrem Domizil nach südenglischen und niederländischen Häfen unterhalten. Von Bremen aus werden durch acht Dampfer der Aktiengesellschaft „Neptun" Fahrten von Köln nach Bremen, Hamburg, Stettin, Danzig und Königsberg unterhalten; endlich verkehren auch fortwährend vereinzelt Segelschiffe aus der Seeschifffahrt mit Köln. Man sieht also, hier regt sich schon einige Jahre vor Eröffnung der direkten Straße für die deutsche Küstenschifffahrt zwischen Nord- und Ostsee der Unternehmungsgeist in einer so bemerkenswerthen Weise, daß es sehr angezeigt erscheint, ihm von Osten her durch Anlegung eines gerade der Küstenschifffahrt recht eigentlich dienlichen Umschlagsplatzes an der Seestraße der internationalen Nord-Ostsee-Schifffahrt die Hand zu bieten.

Die Vortheile, welche ein Umschlagsplatz an der Ostmündung des Kanals den deutschen Seehäfen sowohl wie namentlich der gesammten, vor einem neuen Aufschwunge stehenden Küstenschifffahrt zwischen Nord- und Ostsee bieten kann, lassen sich naturgemäß vorher nicht ziffernmäßig darstellen. Jedoch ist nach Dahlström „die Ertragfähigkeit eines Nord-Ostsee-Kanals" die Anzahl der Reisen, welche die deutsche Küstenschifffahrt beispielsweise im Jahre 1881 im gesammten deutschen Gebiete vollführt hat, auf rund 36 000 (nach den Angaben der Statistik des deutschen Reichs) zu veranschlagen.

Man kann nur schätzungs- bezw. vergleichsweise und an der Hand der vorhandenen Schiffsbewegung zwischen Nord- und Ostsee resp. des dem Nord-Ostsee-Kanal voraussichtlich zufallenden Theiles desselben zu einer Ueberzeugung über die Bedeutung eines Umschlagsplatzes gelangen. Von großem Einflusse darauf, welcher Theil des Verkehrs in demselben zur Umladung kommen wird, ist sowohl die Bedeutung der Seehäfen für Ein- und Ausfuhr, als auch ferner die Tarifirung auf den binnenländischen Zufuhrstraßen (Bahn, Kanal, Fluß). Außerdem ist der Verkehr, wie überall so auch hier, abhängig von der Kapitalkraft, dem Unternehmungsgeist sowie sonstigen persönlichen Momenten bei der betreffenden Kaufmannschaft der Seestädte.

Interesse der Ostseehäfen.

Feststehend dürfte jedoch die Nothwendigkeit für die zur Zeit in ungünstiger Position befindlichen deutschen Ostseehäfen sein, die sich in naher Zukunft vollziehende Aenderung der Situation in möglichst gründlichem Maße dadurch zu nützen, daß sie mit allen Kräften danach streben, in der Verbesserung ihrer Position ihren vollen Antheil zu erhalten, ihn zu pflegen und zu mehren; geschieht dies, dann werden, abgesehen von dem auf die Landesvertheidigungs-interessen entfallenden Antheil, auch zu ihren Gunsten die bedeutenden Kapitalien aufgewendet, die der Kanalbau erheischt.

Von den Vortheilen des Kanals wird dann, wenn sich die deutschen Seestädte rührig, weitsichtig und thatkräftig erweisen, das weitere Hinterland einen dauernden Antheil erhalten, so daß sie sich hier keineswegs nur pro domo, sondern in erheblichem Umfange für die Gesammtheit rühren. Von diesem Gesichtspunkte aus erscheint ein enger Zusammenschluß derselben geboten. Nur das gemeinschaftliche Betreiben der deutschen wirthschaftlichen Interessen, um die es sich hier handelt, kann dazu führen, dieselben verwirklicht zu sehen. Vor allem heißt es hierbei, die thatsächlichen Verhältnisse genau zu kennen und zu berücksichtigen. Was auf Grund privater Aufmachung, soweit die amtlichen Quellen versagten, über den in Rede stehenden Verkehr und seine Beziehung zu den Nordsee- wie den Ostseehäfen und zur Ostmündung des Kanals jetzt zu sagen ist, wurde oben mitgetheilt; es erübrigt noch die Gestaltung des Kanals selbst an seiner Ostseemündung bei Kiel ins Auge zu fassen.

Die Ostmündung des Nord-Ostsee-Kanals bei Kiel.

Vielfach ist die irrige Ansicht verbreitet, daß der Nord-Ostsee-Kanal an seinen Mündungen „Hafenanlagen" erhalte; dies ist, wie auf Grund amtlicher Mittheilungen und unter Hinweis auf die amtlichen Pläne und Beweisführungen ausdrücklich betont werden kann, durchaus unzutreffend. Die Ausmaße der Schifffahrtsstraße selbst und ihrer Schleusen sind zwar solche, daß sie das vorhandene Bedürfniß der bisher in der Nord- und Ostsee-Schifffahrt verwendeten Schiffe erheblich überragen, weil sie eben den höheren Anforderungen der Kriegsmarine angepaßt sind, aber für wirthschaftliche, einem regen Handelsverkehr dienende Schifffahrtsanlagen, für Hafen-, Lösch- und Ladevorrichtung ist in dem Kanalgebiete nicht gesorgt worden. Und dies mit gutem Grunde, denn der Kanal muß in allererster Linie in seiner Eigenschaft als Schifffahrtsstraße erhalten werden; diese würde durch die bei einem

Hafen- und Handelsverkehr unvermeidbar stattfindenden Schiffsansammlungen an den Kais, welche unzweifelhaft Stockungen im Durchfahrtsverkehr hervorrufen, nicht unwesentlich beeinträchtigt. Die Breite des Kanalbetts von 65 m auf der Strecke und etwas mehr als 120 m an den Mündungen reicht dafür sicher nicht aus. Die Erweiterung der Mündungen konnte und sollte nur den Zweck erfüllen, das Zusammentreffen der Schiffe bei den Schleusen, welches dort in mehr oder weniger großem Umfange stattfinden wird, zu ermöglichen, ohne die freie Passage zu behindern.

Die Thatsache, daß Handelshafenanlagen im Kanal selbst von der Bauverwaltung desselben nicht hergestellt werden, muß als unabänderlich angesehen werden.

III.
Reichs- und Staats-Interesse.

Wie in den bisherigen Darlegungen auseinandergesetzt worden ist, erwächst aus der durch den Nord-Ostsee-Kanal veränderten Gestaltung der Schifffahrtsbeziehungen zwischen Ost- und Nordsee für die deutschen Seestädte, namentlich für diejenigen an der Ostsee die Aufgabe, die Herstellung von geeigneten, dem Seehandel und der Seeschifffahrt dienenden Anlagen unmittelbar an der Ausmündung des Nord-Ostsee-Kanals bei Kiel, zu betreiben. Bei dem nachgewiesenen gemeinsamen Interesse, welches die deutschen Häfen, aber auch alle an der Entwickelung der Schifffahrt Betheiligten, haben, kann auch das staatliche Interesse nicht zweifelhaft sein; denn hier werden, wie schon einmal erwähnt, Erwerbs- und Wirthschaftskreise berührt, die sich weit in das Binnenland hinein erstrecken. Dies, sowie die Gemeinsamkeit der Interessen der Seestädte kennzeichnet die vorliegende Aufgabe als eine solche, die zu erfüllen auch dem Staate obliegt.

1. Interesse des Kanalfiscus.

Zu den bisherigen, vornehmlich den Antheil der deutschen Seehäfen ins Auge fassenden Erwägungen tritt noch die hinzu, daß von dem Vorhandensein eines belebten Umschlagsplatzes neben der Ostmündung des Kanals, welche dadurch zu einem Knotenpunkt des Verkehrs gestaltet wird, auch mit Sicherheit eine Belebung des Verkehrs durch den Nord-Ostsee-Kanal zu erwarten ist; dadurch wird eine sichere Verzinsung des Anlagekapitals veranlaßt.

Die zu erhebenden Abgaben sollen von den Handelsschiffen aufgebracht werden; der noch festzustellende Tarif müßte einfach und niedrig bemessen sein.

Liegt die Aufbringung der Unterhaltungs- und Zinskosten schon im Interesse des Reichs und indirekt auch des preußischen Staates, so ist dies in wohl noch höherem Maße betreffs des Einflusses der Fall, welchen die Belebung des kleineren Seeverkehrs und die starke Entwickelung der Küstenschifffahrt auf die Heranbildung eines seegewohnten Menschenmaterials ausüben muß. Und hier treten besonders die Interessen unserer Kriegsmarine in den Vordergrund, deren Berücksichtigung durchaus geboten erscheint.

2. Interesse der Kriegsmarine und der Landesvertheidigung.

Gerade die Küstenschifffahrt ist erfahrungsmäßig am besten geeignet zur Heranbildung von Matrosenpersonal. Die Sorgfalt, welche in dieser Hinsicht regierungsseitig aufgewendet wird, insofern mehrfach Mittel zur Hebung der Küsten- und Hochseefischerei bereitgestellt werden, kennzeichnet die Wichtigkeit dieser Seite der Sache. Die Kriegsmarine kann aber bekanntlich schon seit Jahren nicht mehr ihren Mannschaftsbedarf vollzählig aus den Angehörigen des Seeberufs decken. Hierin wird mit der fortschreitenden Entwickelung der Dampfschifffahrt auch noch eine fortschreitende Verschlechterung eintreten. Durch den Uebergang von der Segelschifffahrt, die jetzt vornehmlich ihr Feld in Küstenschifffahrt und Hochseefischerei findet, zur Dampfschifffahrt leidet naturgemäß auch die nautische und persönliche Ausbildung des Personals. Gegenwärtig hat man allerdings noch, wenn auch in beschränktem Umfange, auf Seglern ausgebildetes Personal, welches auf Dampfer übergeht; später aber wird ein solches mit dem zunehmenden Vorwiegen der Dampfschifffahrt immer mehr fehlen, was auf die seemännische Vorbildung des Marineersatzes nur von Nachtheil sein kann.

Kurz sei noch die Thatsache berührt, daß die Interessen der Landesvertheidigung auch in anderer Hinsicht hier eine Rolle spielen. Es ist bekannt, und vor nicht langer Zeit noch vom Reichskanzler im Reichstage betont, daß Deutschland im Kriegsfalle sehr ernstlich auf eine Zufuhr zur See, namentlich von Getreide, angewiesen sein werde. Die Haupteinfuhr von Getreide erhielt Deutschland nun nachweislich von Westen her; soweit im Kriegsfalle eine solche Getreidezufuhr vermittelst unserer Kriegsflotte überhaupt gesichert werden kann, wird die weitere Versendung durch den Nord-Ostsee-

Kanal nach den Ostseehäfen zu erfolgen haben. Und da nun an der Ostsee die Vertheilung der Transporte nach den einzelnen Häfen erforderlich wird, so ist auch dafür das Vorhandensein eines Waaren umschlagsplatzes an der Ostseemündung des Kanals unerläßlich; hier würde er sich auch infolge der Kriegshafeneinrichtungen bezw. der Hafenbefestigungen Kiels in der gesichertsten Lage befinden und so seinen Zweck voll und ganz erfüllen können.

Neben den die wirthschaftliche Prosperität berührenden Interessen der Friedenszeit treten hier also noch gewichtige Anforderungen des Krieges bezw. der Landesvertheidigung auf, die alle auf das eine, in diesen Darlegungen in's Auge gefaßte Ziel hinweisen. Eine ausreichende Uferstrecke in unmittelbarer Nachbarschaft der Kanalmündung ist getrennt von den zu Zwecken der Kriegsmarine beanspruchten Gebiete noch unbenutzt vorhanden, so daß bei Herstellung einer dortigen Anlage eine Beeinträchtigung der Interessen der Marine ausgeschlossen ist; zum Theil ist diese Uferstrecke von der Stadt Kiel für ihre eigenen Zwecke in Aussicht genommen.

IV.
Schlußwort.

Faßt man alle bisher erwähnten Beziehungen ins Auge, so ergiebt sich die Nothwendigkeit sachlich vollauf begründet, daß sich Staat und Reich an der Herstellung eines Umschlagsplatzes an der Ostausmündung des Kanals, im Kriegshafen von Kiel betheiligen. Das Eine aber ist von den hieran Betheiligten, besonders von den mit ihren eigensten wirthschaftlichen Interessen in Frage kommenden deutschen Seehäfen als erste Richtschnur im Auge zu behalten, daß es dringend ihrer Rührigkeit, ihrer Mitwirkung und ihrer gemeinsamen Anstrengungen bedarf, wenn hier bei der Kürze der nur noch verbliebenen Zeit ein Erfolg erzielt werden soll. Der Termin der Kanaleröffnung steht, wenn man die zur Ausführung guter Hafen- und Umschlagseinrichtungen erforderliche Zeit in Anschlag bringt, sehr nahe bevor; die Eröffnung wird mit größter Bestimmtheit im Juni 1895 stattfinden können. Zeit ist also nicht zu verlieren, zumal in dem durch die bisherige Situation und altgewohnte bedeutende Handelsbeziehungen bevorzugten Copenhagen, unter Aufwendung bedeutender Mittel und reger Mithülfe der Regierung wie aller amtlichen Kreise ein Freihafen und Umschlagsplatz eingerichtet wird, der mit den vollkommensten Einrichtungen unserer Zeit ausgerüstet und ein Jahr vor Eröffnung des Nord-Ostsee-Kanals fertiggestellt sein soll!

Dies sind Thatsachen, die einen scharfen Ansporn geben müssen, vor allen Anderen den deutschen Ostseestädten. Aufgabe dieser, die für sich selbst an ihrem Platze schon vielfache Aufwendungen gemacht haben und weitere zu machen bereit sind, und die hierin auch von der Regierung unterstützt werden, ist es nun, für das die ganze Zukunft der Nord-Ostseefahrt beeinflussende Vorhandensein eines ihnen allen gleichmäßig Vortheil bietenden Umschlagsplatzes an der Kanalmündung in gemeinsamem Vorgehen einzutreten.

Es kann nicht als zutreffend erachtet werden, hierin eine einseitige, ausschließliche Angelegenheit der Seestädte selbst zu erblicken und ihnen allein die Sache zu überlassen; denn die Seestädte sind durchaus nicht Selbstzweck, sondern ein wichtiger Lebenstheil des Gesammtorganismus. Sie sind das Mittel, und zwar eins der allerwirksamsten, um Industrie, gewerbliche und landwirthschaftliche Produktion, Binnenhandel und Verkehr zu heben, durch überseeischen Austausch der Waaren und Produkte zu befruchten, und durch die Beschäftigung zahlreicher Arbeitermassen in jenen Zweigen auf weitere Inlandkreise einzuwirken. Die Interessen der Seehandelsplätze hängen in inniger Weise mit denen des Binnenlandes zusammen; hierfür liefert die Geschichte der Hansa, welche nur zu lange Zeit nicht genügend beachtet ist, einen sprechenden Beweis. Die weit in das deutsche Binnenland hineinragenden Glieder der Hansa waren in stärkerem Maße an dem früheren überseeischen Handel der Seestädte betheiligt, als dies in der Neuzeit seitens des Innern Deutschlands im Allgemeinen der Fall ist.

Gegenüber dem zielbewußten Vorgehen des bisherigen Knotenpunktes Copenhagen ist es geboten, die Gunst der veränderten Verhältnisse zu benutzen, um im Wettbewerb mit unseren bedeutenden Handels- und Hansestädten Hamburg und Bremen vermöge des Nord-Ostsee-Kanals den Verkehr in deutschem Interesse günstig zu beeinflussen.

Ein einheitliches Zusammenwirken der einzelnen Ostseeplätze zu günstiger Gestaltung der Verhältnisse wird sich nur für jeden derselben als nützlich erweisen können!

Möge dies mit eigener Thatkraft unter Mitwirkung von Reich und Staat durchgeführt werden!